Nebo 1

Ožiarené Božou slávou.
Jeho jas bol podobný najdrahšiemu kameňu,
akoby krištáľovo čistému kameňu jaspisu.

(Zjv 21, 11)

Nebo I

Také Čisté a Krásne ako Krištáľ

DR. JAEROCK LEE

Nebo I: Také Čisté a Krásne ako Krištáľ by Dr. Jaerock Lee
Vydavateľstvo Urim Books (Predstaviteľ: Kyungtae Noh)
73, Yeouidaebang-ro 22-gil, Dong, Dongjak Gu, Soul, Kórea
www.urimbooks.com

Všetky práva vyhradené. Táto kniha alebo jej časti nesmú byť reprodukované v žiadnej podobe, uložené vo vyhľadávacom systéme alebo prenášané v akejkoľvek forme alebo akýmikoľvek prostriedkami, elektronicky, mechanicky, fotokópiami, záznamom alebo inak bez predchádzajúceho písomného súhlasu vydavateľa.

Pri preklade biblických citátov z angličtiny do slovenčiny bol použitý zdroj: Svätá Biblia, *Jozef Roháček*, 2007. Použité s dovolením.

Copyright © 2017 by Dr. Jaerock Lee
ISBN: 979-11-263-0225-3 04230
ISBN: 979-11-263-0224-6 (set)
Translation Copyright © 2012 by Dr. Esther K. Chung. Použité so súhlasom.

Pôvodne vydané v kórejskom jazyku v roku 2009 vydavateľstvom Urim Books.

Prvé vydanie Marec 2017

Editoval Dr. Geumsun Vin
Navrhol Editorial Bureau of Urim Books
Vytlačil Yewon Printing Company
Pre viac informácií kontaktujte urimbooks@hotmail.com

Predslov

Boh lásky nielen vedie každého veriaceho na cestu spásy, ale tiež odhaľuje tajomstvá nebies.

Aspoň raz v živote si pravdepodobne položíte nasledujúce otázky: „Čo ma čaká po živote na tomto svete?" alebo „Naozaj existuje nebo a peklo?"
Mnoho ľudí zomrie ešte predtým, než nájdu odpovede na tieto otázky. A aj keď veria v posmrtný život, do neba nevstúpi každý, pretože nie každý má patričné vedomosti. Nebo a peklo nie sú fantáziou, ale realitou v duchovnom svete.

Na jednej strane, nebo je také krásne miesto, že ho nemožno porovnávať s ničím na tomto svete. Obzvlášť krása a šťastie v Novom Jeruzaleme, kde sa nachádza Boží trón, nemôžu byť dostatočne opísané, pretože je postavený nebeskou zručnosťou z tých najlepších materiálov.
Na druhej strane, peklo je plné nekonečnej a ukrutnej bolesti a večného trestu; jeho hrozná podstata je podrobne vysvetlená v knihe *Peklo*. O nebi a pekle sme sa dozvedeli skrze Ježiša a

apoštolov, a dokonca aj dnes sú podrobne odhaľované skrze Boží ľud, ktorí v Neho úprimne verí.

Nebo je miesto, kde sa Božie deti tešia večnému životu, a kde sú pre ne pripravené nepredstaviteľne krásne a obdivuhodné veci. Podrobne o tom viete len vtedy, keď vám to Boh dovolí a zjaví vám to.

Sedem rokov som sa nepretržite modlil a postil, aby mi Boh zjavil odpovede ohľadom neba. Teraz mi Boh zjavuje oveľa viac tajomstiev z duchovného sveta a do väčšej hĺbky.

Vzhľadom k tomu, že nebo je neviditeľné, je veľmi ťažké ho opísať jazykom a vedomosťami tohto sveta. Tiež by mohlo dôjsť k nedorozumeniu. To je dôvod, prečo apoštol Pavol nemohol podrobne opísať raj v treťom nebi, ktorý videl vo videní.

Boh ma naučil o nebi veľa tajomstiev a mnoho mesiacov som kázal o šťastnom živote a rôznych príbytkoch a odmenách v nebi podľa miery viery ľudí. Ale nedokázal som podrobne popísať všetko, čo som sa naučil.

Dôvod, prečo mi Boh dovoľuje oznámiť tajomstvá duchovného sveta skrze túto knihu, je, aby som zachránil čo najviac duší a viedol ich do neba, ktoré je také čisté a krásne ako krištáľ.

A tak vzdávam všetku vďaku a slávu Bohu za to, že mi dovolil vydať toto dielo *Nebo I: Také Čisté a Krásne ako Krištáľ;* je to opis miesta, ktoré je také čisté a krásne ako krištáľ, a je naplnené Božou slávou. Dúfam, že pochopíte Božiu lásku, ktorá vám odhaľuje tajomstvá neba a všetkých ľudí vedie na cestu spásy, aby ste ho tiež mohli dosiahnuť. Tiež dúfam, že pobežíte k dosiahnutiu cieľa, ktorým je večný život v Novom Jeruzaleme.

Ďakujem Geumsunovi Vinovi, riaditeľovi a personálu redakčného úradu a prekladateľom za ich tvrdú prácu na vydaní tejto knihy. V mene Pánovom sa modlím, aby prostredníctvom tejto knihy bolo veľa duší spasených a tešilo sa z večného života v Novom Jeruzaleme.

Jaerock Lee

 Úvod

Dúfam, že si každý z vás uvedomí trpezlivú lásku Boha, stane sa úplným duchom a pobeží smerom k Novému Jeruzalemu.

Všetku vďaku a slávu vzdávam Bohu, ktorý dovolil, aby sa nespočetné množstvo ľudí dozvedelo o duchovnej sfére a bežali k cieľu s nádejou na nebo prostredníctvom diel *Peklo* a dvojdielnej knihy *Nebo*.

Táto kniha sa skladá z desiatich kapitol a jasne popisuje život, krásu a rôzne príbytky v nebi a odmeny, ktoré sú odmeňované podľa miery viery. To je to, čo Boh inšpiráciou Ducha Svätého zjavil reverendovi Dr. Jaerockovi Leeovi.

Kapitola 1 „Nebo: Také čisté a krásne ako krištáľ" opisuje večné šťastie v nebi priblížením jeho základného vzhľadu, kde nebude potrebné žiadne slnko, ani mesiac.

Kapitola 2 „Raj Edenu a čakáreň na nebo" vysvetľuje umiestnenie, vzhľad a život v raji Edenu, ktoré vám pomôžu lepšie pochopiť nebo. V tejto kapitole sa tiež dozviete o pláne a prozreteľnosti Boha, prečo umiestnil strom poznania dobra a zla v raji Edenu a o dôvode duchovnej kultivácie človeka. Navyše sa dozviete o čakárni, kde spasení ľudia čakajú na súdny deň, priblíži vám život na tomto mieste, a akí ľudia ihneď vstúpia do Nového Jeruzalema bez čakania.

Kapitola 3 „Sedemročná svadobná hostina" vysvetľuje druhý príchod Ježiša Krista, sedemročné veľké súženie, návrat Pána na zem, tisícročie a večný život po ňom.

Kapitola 4 „Tajomstvá neba ukryté od začiatku vekov" zahŕňa tajomstvá neba, ktoré nám odhalil Ježiš vo svojich podobenstvách a učí nás, ako môžeme dosiahnuť nebo, kde je veľa príbytkov.

Kapitola 5 „Ako budeme žiť v nebi?" vysvetľuje výšku, váhu a farbu pokožky duchovného tela, a ako budeme žiť v nebi. Vďaka rôznym príkladom radostného života v nebi vás táto kapitola tiež vyzýva, aby ste dôrazne a s veľkou nádejou napredovali k nebu.

Kapitola 6 „Raj" opisuje raj, ktorý je najnižšou úrovňou neba, no aj napriek tomu je oveľa krajším a šťastnejším miestom ako tento svet. Vysvetľuje aj to, akí ľudia vstúpia do raja.

Úvod

Kapitola 7 „Prvé nebeské kráľovstvo" opisuje život a odmeny v prvom nebeskom kráľovstve, ktoré bude príbytkom ľudí, ktorí prijali Ježiša Krista a snažili sa žiť podľa Božieho Slova.

Kapitola 8 „Druhé nebeské kráľovstvo" popisuje život a odmeny v druhom nebeskom kráľovstve, kde vstúpia tí, ktorí nedosiahli úplnú svätosť, ale splnili celú Bohom danú povinnosť. Taktiež zdôrazňuje dôležitosť poslušnosti a splnenia všetkých povinností.

Kapitola 9 „Tretie nebeské kráľovstvo" opisuje krásu a slávu tretieho nebeského kráľovstva, ktoré je neporovnateľné s druhým nebeským kráľovstvom. Tretie nebeské kráľovstvo je miestom len pre tých, ktorí sa zbavili všetkých hriechov – dokonca aj hriechov v ich hriešnej podstate – vlastnými silami a za pomoci Ducha Svätého. Vysvetľuje Božiu lásku, ktorá na nás dopúšťa skúšky a prekážky.

Nakoniec, kapitola 10 „Nový Jeruzalem" opisuje Nový Jeruzalem, najkrajšie a najslávnejšie miesto v nebi, kde sa nachádza Boží trón. Vysvetľuje tiež, akí ľudia vstúpia do Nového Jeruzalema. Táto kapitola sa uzatvára porovnaním príbytkov dvoch ľudí, ktorí vstúpia do Nového Jeruzalema, a tým napĺňa čitateľa nádejou.

Boh pre Jeho milované deti pripravil nebo, ktoré je čisté a krásne ako krištáľ. Túži, aby bolo čo najviac ľudí spasených a teší sa na čas, kedy Jeho deti vstúpia do Nového Jeruzalema.

V mene Pánovom dúfam, že všetci čitatelia tohto diela *Nebo I: Také Čisté a Krásne ako Krištáľ*, pochopia veľkú Božiu lásku, stanú sa úplným duchom so srdcom Pána a plní energie pobežia k Novému Jeruzalemu.

__Geumsun Vin__
Riaditeľ vydavateľskej sekcie

Obsah

Predslov

Úvod

Kapitola 1 **Nebo: Také čisté a krásne ako krištáľ • 1**
    1. Nové nebo a nová zem
    2. Rieka vody života
    3. Boží a Baránkov trón

Kapitola 2 **Raj Edenu a čakáreň na nebo • 19**
    1. Raj Edenu, kde žil Adam
    2. Ľudia sú kultivovaní na zemi
    3. Čakáreň na nebo
    4. Ľudia, ktorí do čakárne nejdú

Kapitola 3 **Sedemročná svadobná hostina • 43**
    1. Pánov návrat a sedemročná svadobná hostina
    2. Tisícročie
    3. Nebo odmeňované po súdnom dni

Kapitola 4 **Tajomstvá neba ukryté od začiatku vekov • 65**
    1. Tajomstvá neba odhaľované od príchodu Ježiša
    2. Tajomstvá neba odhalené na konci vekov
    3. V dome môjho Otca je mnoho príbytkov

Kapitola 5 **Ako budeme žiť v nebi?** • 91
  1. Životný štýl v nebi
  2. Oblečenie v nebi
  3. Strava v nebi
  4. Doprava v nebi
  5. Zábava v nebi
  6. Vzdávanie chvál, vzdelávanie a kultúra v nebi

Kapitola 6 **Raj** • 115
  1. Krása a radosť v raji
  2. Akí ľudia pôjdu do raja?

Kapitola 7 **Prvé nebeské kráľovstvo** • 129
  1. Jeho krása a šťastie prevyšuje raj
  2. Akí ľudia pôjdu do prvého nebeského kráľovstva?

Kapitola 8 **Druhé nebeské kráľovstvo** • 141
  1. Každý dostane krásny dom
  2. Akí ľudia pôjdu do druhého nebeského kráľovstva?

Kapitola 9 **Tretie nebeské kráľovstvo** • 157
  1. Každému Božiemu dieťaťu slúžia anjeli
  2. Akí ľudia pôjdu do tretieho nebeského kráľovstva?

Kapitola 10 **Nový Jeruzalem** • 173
  1. Ľudia v Novom Jeruzaleme uvidia Boha tvárou v tvár
  2. Akí ľudia pôjdu do Nového Jeruzalema?

Kapitola 1

Nebo:
Také čisté a krásne ako krištáľ

1. Nové nebo a nová zem
2. Rieka vody života
3. Boží a Baránkov trón

*Potom mi ukázal rieku vody života,
čistú ako krištáľ,
vytekajúcu od Božieho a Baránkovho trónu.
Uprostred jeho námestia, z oboch strán rieky,
je strom života ktorý prináša
dvanásť ráz ovocie:
každý mesiac dáva svoje ovocie
a lístie stromu je na uzdravenie národov.
Už nikdy nebude nič prekliate.
V ňom bude trón Boha a Baránka
a jeho služobníci mu budú slúžiť;
budú hľadieť na jeho tvár
a na čele budú mať jeho meno.
Noci už nebude
a nebudú potrebovať svetlo lampy
ani svetlo slnka, lebo im bude žiariť Pán, Boh,
a budú kraľovať na veky vekov.*

- Zjv 22, 1-5 -

Mnohí ľudia sa čudujú a pýtajú sa: „Hovorí sa, že môžeme mať šťastný život naveky v nebi – Čo je to za miesto?" Ak počúvate svedectvá tých, ktorí v nebi boli, dozviete sa, že väčšina z nich prešla dlhým tunelom. Je to preto, lebo nebo sa nachádza v duchovnom svete, ktorý je veľmi odlišný od tohto sveta, v ktorom žijete.

Tí, ktorí žijú v tomto trojrozmernom svete, nepoznajú nebo podrobne. Tento podivuhodný svet, ktorý je nad trojrozmerným svetom, spoznáte, len keď vám o ňom povie Boh, alebo keď sa vaše duchovné oči otvoria. Ak podrobne spoznáte tento duchovný svet, nielen vaša duša sa bude radovať, ale aj vaša viera rýchlo vzrastie a Boh vás bude milovať. Preto vám Ježiš vyjavil tajomstvá neba v mnohých podobenstvách a apoštol Ján nebo podrobne opisuje v Knihe Zjavení.

Tak teda, akým miestom je nebo a ako tam budú ľudia žiť? V krátkosti nahliadneme do neba, tak čistého a krásneho ako krištáľ, ktoré Boh pripravil, aby sa tam naveky so svojimi deťmi delil o lásku.

1. Nové nebo a nová zem

Prvé nebo a prvá zem, ktoré Boh stvoril, boli čisté a krásne ako krištáľ, ale boli prekliate kvôli neposlušnosti prvého človeka Adama. Taktiež aj rýchla a rozsiahla industrializácia a rozvoj vedy a techniky znečisťujú túto zem a v dnešnej dobe viac ľudí volá po ochrane prírody.

Preto, keď nadíde čas, Boh premiestni prvé nebo a prvú zem a odhalí nové nebo a novú zem. Aj keď je táto zem znečistená a skazená, stále je potrebná pre rast pravých Božích detí, ktoré môžu a aj vstúpia do neba.

Na počiatku Boh stvoril zem a potom človeka, ktorého doviedol do raja Edenu. Dal mu neobmedzenú voľnosť a dostatok všetkého, ale zakázal mu jesť zo stromu poznania dobra a zla. Človek však porušil to jediné, čo Boh zakázal a následne bol vyhnaný na túto zem – do prvého neba a na prvú zem.

Vzhľadom k tomu, že všemohúci Boh vedel, že ľudstvo pôjde cestou smrti, pripravil Ježiša Krista ešte pred začiatkom vekov a vo vhodnom čase Ho poslal na túto zem.

A preto každý, kto prijme Ježiša Krista, ktorý bol ukrižovaný a vstal z mŕtvych, premení sa v nové stvorenie a vstúpi do nového neba a na novú zem a bude sa tešiť z večného života.

Modrá obloha v novom nebi čistá ako krištáľ

Obloha nového neba, ktorú Boh pripravil, je naplnená čistým vzduchom a je na rozdiel od vzduchu na tomto svete skutočne jasná, číra a čistá. Predstavte si jasnú a vysokú oblohu s čírymi bielymi oblakmi. Aké to bude úžasné a krásne!

Ale prečo stvoril Boh novú oblohu modrú? Modrá farba duchovne umožňuje cítiť hĺbku, výšku a čistotu. Voda je taká čistá, aká je modrá. Keď sa pozriete na modrú oblohu, v srdci budete cítiť osvieženie. Boh urobil oblohu tohto sveta modrú, pretože On vaše srdce stvoril čisté a dal vám srdce, ktoré hľadá Stvoriteľa. Ak pri pohľade na jasnú modrú oblohu môžete vyznať: „Môj Stvoriteľ musí byť tam hore. On robil všetko také krásne!" vaše srdce bude očistené a vy budete nútení viesť dobrý život.

Čo keby bola celá obloha žltá? Namiesto pocitu pohodlia by sa ľudia cítili nesvoji a zmätení a niektorí by dokonca trpeli duševnými problémami. V závislosti od rôznych farieb ľudská myseľ môže napredovať, osviežiť sa alebo byť zmätená. To je dôvod, prečo Boh stvoril oblohu nového neba modrú s čistými bielymi oblakmi, aby tam Jeho deti mohli žiť šťastne so srdciami, ktoré sú také čisté a krásne ako krištáľ.

Nová zem v nebi stvorená z rýdzeho zlata a drahokamov

Tak teda, ako bude v nebi vyzerať nová zem? Na novej zemi v nebi, ktoré Boh urobil čistým a priezračným ako krištáľ, nie je žiadna pôda ani prach. Nová zem je stvorená len z rýdzeho zlata a drahokamov. Aký fascinujúci bude život v nebi, kde sú aj žiarivé cesty z rýdzeho zlata a drahokamov!

Naša zem je stvorená z pôdy, ktorá sa môže v priebehu času meniť. Táto zmena vám hovorí o bezvýznamnosti a smrti. Boh dovolil, aby všetko rástlo, prinášalo ovocie a nakoniec zahynulo v pôde, aby ste si uvedomili, že život na tejto zemi má koniec.

Nebo je stvorené z rýdzeho zlata a drahokamov, ktoré sa nemenia, pretože nebo je skutočným a večným svetom. A rovnako ako všetko rastie na tejto zemi, bude rásť aj v nebi. Ale na rozdiel od tejto zeme, tam nikdy nič nezahynie ani nezvädne.

Navyše aj vrchy a zámky sú z rýdzeho zlata a drahokamov. Aké budú žiarivé a krásne! Musíte mať pravú vieru, aby ste mali účasť na tejto kráse a šťastí v nebi, ktoré nemôže byť adekvátne vyjadrené žiadnymi slovami.

Koniec prvého neba a prvej zeme

Čo sa stane s prvým nebom a s prvou zemou, keď sa objaví toto krásne nové nebo a nová zem?

Potom som videl veľký biely trón a toho, čo na ňom sedel. Pred jeho pohľadom utiekla zem i nebo a už pre ne nebolo miesta (Zjv 20, 11).

Videl som nové nebo a novú zem, lebo prvé nebo a prvá zem sa pominuli a ani mora už niet (Zjv 21, 1).

Keď nastane deň súdu a ľudia, ktorí boli kultivovaní na tejto zemi, budú súdení dobrom a zlom, prvé nebo a prvá zem sa pominú. To však neznamená, že zmiznú úplne, budú iba premiestnené na iné miesto.

Prečo potom Boh premiestni prvé nebo a prvú zem namiesto toho, aby ich zničil úplne? Ak ich úplne odstráni, Jeho deťom, ktoré budú žiť v nebi, bude chýbať prvé nebo a prvá zem. Aj keď v prvom nebi a na prvej zemi znášali utrpenie a smútok, budú im chýbať, pretože kedysi boli ich domovom. A preto pamätajúc na toto, Boh lásky ich presunie do inej časti vo vesmíre a nezničí ich úplne.

Vesmír, v ktorom žijete, je nekonečný svet a je tu mnoho iných vesmírov. Boh presunie prvé nebo a prvú zem do jedného z kútov vesmíru a dovolí Jeho deťom, aby ich podľa potreby navštevovali.

Nie sú tam žiadne slzy, smútok, smrť ani choroby

V novom nebi a na novej zemi budú žiť Božie deti, ktoré sú spasené vierou, nebudú znova prekliate a budú plné šťastia. V Zjv 21, 3-4 zistíte, že v nebi nie sú žiadne slzy, smútok, smrť, nárek ani choroby, pretože je tam Boh.

> *A počul som mohutný hlas od trónu hovoriť: „Hľa, Boží stánok je medzi ľuďmi! A bude medzi nimi prebývať; oni budú jeho ľudom a sám Boh – ich Boh – bude s nimi. Zotrie im z očí každú slzu a už nebude smrti ani žiaľu; ani náreku ani bolesti viac nebude, lebo prvé sa pominulo."*

Aké smutné by bolo, keby ste boli hladní, a dokonca aj vaše deti by plakali kvôli hladu! Načo by to bolo, keby k vám niekto prišiel a povedal by: „Ty si taký hladný, že až roníš slzy," a utrel by vám slzy, ale nič by vám nedal? Čo tu teda bude skutočná pomoc? Mal by vám dať nejaké jedlo, aby ste vy a vaše deti nehladovali. Až potom uschnú vaše slzy a slzy vašich detí.

A teda povedať, že Boh vám zotrie z očí každú slzu, znamená, že ak ste spasení a pôjdete do neba, nebudete mať žiadne ďalšie starosti alebo obavy, pretože v nebi niet sĺz, smútku, smrti, náreku ani chorôb.

Na jednej strane, či už veríte v Boha, alebo nie, na tejto zemi musíte žiť s nejakým smútkom. Svetskí ľudia veľmi smútia aj nad malou stratou, ktorú utrpia. Na druhej strane, veriaci smútia s láskou a milosrdenstvom za tých, ktorí ešte nie sú spasení.

Keď však raz vstúpite do neba, nebudete sa viac obávať smrti alebo toho, či iní ľudia páchajú hriechy a upadli do večnej smrti. Nebudete páchať žiadne hriechy, a preto tam nemôže byť nijaký druh smútku.

Keď ste na tejto zemi plní smútku, nariekate. V nebi však nebudete nariekať, pretože tam nebudú žiadne choroby alebo obavy. Bude tam len večné šťastie.

2. Rieka vody života

Námestím neba tečie rieka vody života, ktorá je čistá ako krištáľ. Zjv 22, 1-2 opisuje túto rieku vody života a vy budete šťastní už len pri jej predstave.

> *Potom mi ukázal rieku vody života, čistú ako krištáľ, vytekajúcu od Božieho a Baránkovho trónu. Uprostred jeho námestia, z oboch strán rieky, je strom života ktorý prináša dvanásť ráz ovocie: každý mesiac dáva svoje ovocie a lístie stromu je na uzdravenie národov.*

Raz som plával vo veľmi čistej vode v Tichom oceáne. A voda bola taká čistá, že som mohol vidieť rastliny a ryby. Bolo to veľmi krásne a bol som veľmi šťastný, že sa v ňom môžem kúpať. Aj na tomto svete pri pohľade na čistú vodu môžete cítiť, že sa vaše srdce osviežuje a očisťuje. O koľko šťastnejší by ste boli v nebi, kde rieka vody života, ktorá je taká čistá ako krištáľ, tečie jeho námestím!

Rieka vody života

Aj keď sa na tomto svete pozriete na hladinu čistého mora, vidíte ako sa slnko odráža od jeho vĺn a krásne sa trbliece. Rieka vody života v nebi sa z diaľky zdá byť modrá, ale keď sa na ňu pozriete zblízka, je taká čistá, krásna, nepoškvrnená a číra, že ju môžete vyjadriť slovami „čistá ako krištáľ."

Prečo teda táto rieka vody života vyteká od Božieho a Baránkovho trónu? Duchovne voda odkazuje na Božie Slovo, ktoré je jedlom života a vy získavate večný život skrze Božie Slovo. V Jn 4, 14 Ježiš hovorí: *„Ale kto sa napije z vody, ktorú mu ja dám, nebude žízniť naveky. A voda, ktorú mu dám, stane sa v ňom prameňom vody prúdiacej do večného života."* Božie Slovo je voda večného života, ktorá vám dáva život a to je dôvod, prečo rieka vody života vyteká od Božieho a Baránkovho trónu.

Akú chuť bude mať voda života? Je taká sladká, že ju nemožno prirovnať k ničomu na tomto svete a akonáhle sa jej napijete, naplní vás silou. Boh dal ľudským bytostiam vodu života, ale po páde Adama bola voda na zemi prekliata spolu so všetkým ostatným. Od tej chvíle už ľudia nemohli ochutnať vodu života na tejto zemi. Budete ju môcť ochutnať iba ak pôjdete do neba. Ľudia na tejto zemi pijú znečistenú vodu a namiesto vody uprednostňujú umelé nápoje, ako napríklad, sýtené nápoje. Voda na tejto zemi nemôže dať večný život, ale voda života v nebi, Božie Slovo, dáva večný život. Je sladšia ako med, než medové kvapky z plástu, a dáva silu vášmu duchu.

Rieka preteká celým nebom

Rieku vody života, ktorá prúdi od Božieho a Baránkovho trónu, môžeme prirovnať ku krvi, ktorá obehom v tele udržiava život. Preteká celým nebom, potom tečie stredom námestia a vracia sa späť k Božiemu trónu. Prečo teda táto rieka vody života preteká celým nebom a nakoniec tečie stredom námestia? Po prvé, táto rieka vody života je najjednoduchší spôsob ako prísť k Božiemu trónu. Ak chcete vojsť do Nového Jeruzalema, kde sa nachádza Boží trón, stačí, ak nasledujete cestu z rýdzeho zlata po oboch stranách rieky.

Po druhé, v Božom Slove je cesta do neba a do neba môžete vojsť len vtedy, keď nasledujete túto cestu Božieho Slova. Ako hovorí Ježiš v Jn 14, 6: *„Ja som cesta, pravda a život. Nik nepríde k Otcovi, iba cezo mňa."* Teda v Božom Slove pravdy je cesta do neba. Keď budete konať v súlade s Božím Slovom, pôjdete do neba, kde tečie Božie Slovo, teda rieka vody života.

Boh stvoril nebo takým spôsobom, že len tým, že budete nasledovať rieku vody života, môžete prísť do Nového Jeruzalema, v ktorom sa nachádza Boží trón.

Zlatý a strieborný piesok na oboch brehoch rieky

Čo bude po oboch stranách rieka vody života? Najprv si všimnete zlatý a strieborný piesok, ktorý sa rozlieha široko ďaleko. Piesok v nebi je okrúhly a taký mäkký, že sa vôbec nezachytáva na odev, aj keď sa po ňom váľate.

Tiež je tam veľa pohodlných lavičiek ozdobených zlatom a drahokamami. Zatiaľ čo sedíte na lavičke s vašimi drahými priateľmi a vediete blažené rozhovory, budú vám slúžiť krásni anjeli.

Na tejto zemi obdivujete anjelov, ale v nebi vás anjeli budú oslovovať „pane" a budú vám slúžiť podľa vašich želaní. Ak si budete želať nejaké ovocie, anjel vám v okamihu podá ovocie v košíku ozdobenom drahokamami a kvetmi.

Navyše, po oboch stranách rieky vody života sú krásne kvety rôznych farieb, vtáky, hmyz a zvieratá. Tiež vám budú slúžiť ako pánovi a môžete s nimi zdieľať lásku. Aké úžasné a krásne bude nebo s touto riekou vody života!

Strom života po oboch stranách rieky

Zjv 22, 1-2 podrobne opisuje strom života, ktorý je po oboch stranách rieky vody života.

Potom mi ukázal rieku vody života, čistú ako krištáľ, vytekajúcu od Božieho a Baránkovho trónu. Uprostred jeho námestia, z oboch strán rieky, je strom života ktorý prináša dvanásť ráz ovocie: každý mesiac dáva svoje ovocie a lístie stromu je na uzdravenie národov.

Prečo teda Boh umiestnil strom života, ktorý prináša dvanásť ráz ovocie, po oboch stranách rieky?

V prvom rade Boh chcel, aby všetky Jeho deti, ktoré sa dostanú do neba, zažili krásu a život v nebi. Tiež im chcel pripomenúť, že keď konali v súlade s Božím Slovom, prinášali ovocie Ducha Svätého, rovnako ako keď prijímali jedlo v pote ich čela.

Musíte si uvedomiť jednu vec. Prinášať dvanásť ráz ovocie neznamená, že jeden strom prináša ovocie dvanásťkrát, ale že každé ovocie je prinášané dvanástimi rôznymi druhmi stromov života. V Biblii môžete vidieť, že dvanásť izraelských kmeňov vzniklo z dvanástich synov Jakuba a prostredníctvom týchto dvanástich kmeňov vznikol izraelský národ a ešte aj dnes po celom svete vznikajú národy, ktoré prijímajú kresťanstvo. Aj Ježiš si vybral dvanástich učeníkov a skrze nich a ich žiakov je evanjelium kázané a šírené po celom svete.

Preto dvanásť ovocí stromu života symbolizuje, že ak ktokoľvek z akéhokoľvek národa nasleduje vieru, môže prinášať ovocie Ducha Svätého a vstúpiť do neba.

Ak budete jesť krásne a farebné ovocie stromu života, budete sa cítiť sviežo a šťastnejšie. A tiež, akonáhle niekto ovocie odtrhne, na jeho mieste narastie nové, takže ho nikdy nebude nedostatok. Listy zo stromu života sú tmavo zelené a žiaria a také zostanú navždy, pretože neopadávajú ani nie sú jedlé. Tieto žiarivé zelené listy sú oveľa väčšie ako listy stromov tohto sveta a rastú veľmi usporiadane.

3. Boží a Baránkov trón

Zjv 22, 3-5 opisuje umiestnenie Božieho a Baránkovho trónu uprostred neba.

Už nikdy nebude nič prekliate. V ňom bude trón Boha a Baránka a jeho služobníci mu budú slúžiť; budú hľadieť na jeho tvár a na čele budú mať jeho meno. Noci už nebude a nebudú potrebovať svetlo lampy ani svetlo slnka, lebo im bude žiariť Pán, Boh, a budú kraľovať na veky vekov.

Trón je uprostred neba

Nebo je večným miestom, kde Boh vládne láskou a spravodlivosťou. V Novom Jeruzaleme uprostred neba sa nachádza Boží a Baránkov trón. Baránok tu odkazuje na Ježiša Krista (Ex12, 5; Jn 1, 29; 1 Pt 1, 19).
Nie každý môže vstúpiť na miesto, kde Boh obvykle prebýva. Nachádza sa vo vesmíre v inej dimenzii ako Nový Jeruzalem. Boží trón je na tomto mieste omnoho krajší a žiarivejší ako v Novom Jeruzaleme.
Boží trón v Novom Jeruzaleme je miesto, kde Boh prichádza vtedy, keď Ho Jeho deti uctievajú alebo majú hostinu. Zjv 4, 2-3 opisuje Boha sediaceho na tróne.

Hneď som bol vo vytržení: A hľa, na nebi stál trón a na tróne On, Sediaci. Ten, čo sedel, vyzeral ako jaspisový a sardionový kameň. Okolo trónu bola dúha, na pohľad ako smaragd.

Okolo trónu sedí dvadsaťštyri starcov, oblečených do bieleho rúcha so zlatými vencami na hlavách. Pred trónom je sedem Božích duchov a more ako zo skla, také čisté ako krištáľ. V strede a okolo trónu sú štyri živé bytosti a mnoho nebeských zástupov a anjelov.
Okrem toho, Boží trón je osvetlený svetlami. Je to také

krásne, úžasné, majestátne, dôstojné a veľké, že je to nad ľudské chápanie. Po pravej strane Božieho trónu je trón Baránka, nášho Pána Ježiša. Od Božieho trónu sa síce líši, ale Najsvätejšia Trojica – Otec, Syn a Duch Svätý – majú rovnaké srdce, vlastnosti a moc.

Viac podrobností o Božom tróne nájdete v druhej knihe *Nebo II: Plné Božej Slávy*.

Žiadna noc a žiaden deň

Nad nebom a vesmírom Boh vládne láskou a spravodlivosťou z Jeho trónu, ktorý je osvietený svätým a krásnym svetlom slávy. Trón sa nachádza uprostred neba a žiari svetlom slávy. Vedľa Božieho trónu je trón Baránka. Preto nebo nepotrebuje ani slnko, ani mesiac, ani žiadne iné elektrické osvetlenie. V nebi neexistuje noc ani deň.

Mimochodom, Hebr 12, 14 vás vyzýva: „*Usilujte sa o pokoj so všetkými a o svätosť, bez ktorej nik neuvidí Pána.*" Ježiš v Mt 5, 8 sľubuje: „*Blahoslavení čistého srdca, lebo oni uvidia Boha.*"

Preto veriaci, ktorí sa v srdciach zbavia všetkého zla a úplne konajú podľa Božieho Slova, uvidia Božiu tvár. Do akej miery sa veriaci podobajú Pánovi, do takej miery budú požehnaní na tomto svete a v nebi budú o to bližšie žiť k Božiemu trónu.

Akí budú ľudia šťastní, keď uvidia Božiu tvár, budú Mu slúžiť a navždy s Ním zdieľať lásku! Avšak, rovnako ako sa nemôžete priamo pozerať na slnko kvôli jeho jasnosti, ani tí, ktorí sa nepodobajú srdcu Pána Boha, nemôžu vidieť Boha zblízka.

Pravé šťastie navždy v nebi

V nebi môžete zažiť pravé šťastie v čomkoľvek, čo robíte, pretože je to ten najlepší darček, ktorý nekonečnou láskou pripravil Boh svojim deťom. Božím deťom budú slúžiť anjeli, ako je to napísané v Hebr 1, 14: *„Či nie sú všetci služobnými duchmi, poslanými slúžiť tým, čo majú dostať do dedičstva spásu?"* Pretože ľudia majú rôznu mieru viery, aj veľkosť príbytku a počet slúžiacich anjelov bude rozdielny v závislosti od miery, do akej sa ľudia podobajú Bohu.

Budú im slúžiť ako princom a princeznám, pretože anjeli môžu čítať myšlienky ich pánov a urobia všetko, čo si zažejajú. Dokonca aj zvieratá a rastliny budú milovať Božie deti a slúžiť im. Zvieratá v nebi budú bezpodmienečne poslúchať Božie deti a niekedy sa posnažia urobiť roztomilé veci, aby ich potešili, pretože v nich nebude žiadne zlo.

A ako to bude s rastlinami v nebi? Každá rastlina má krásnu a jedinečnú vôňu a kedykoľvek sa k nim Božie deti priblížia, uvoľnia túto vôňu. Pre Božie deti kvety uvoľnia tú najlepšiu vôňu a vôňa sa rozšíri aj do vzdialených častí. Vôňa je regenerovaná, akonáhle sa uvoľní.

Aj ovocie dvanástich druhov stromov života má vlastnú jedinečnú chuť. Ak cítite vôňu kvetín alebo jete zo stromu života, osvieži vás to a stanete sa takými šťastnými, že to nemožno porovnať so žiadnym pocitom na tomto svete.

Navyše, na rozdiel od rastlín na tejto zemi, kvety v nebi sa budú usmievať, keď k nim Božie deti prídu. Pre svojich pánov budú aj tancovať a ľudia sa s nimi môžu aj rozprávať.

Aj keď niekto kvet odtrhne, nebude ho to bolieť, ani nebude

smutný, ale obnoví sa Božou mocou. Odtrhnutý kvet sa vo vzduchu rozpustí a zmizne. Ovocie, ktoré budú ľudia jesť, premení sa na krásnu vôňu a dýchaním zmizne.

V nebi sú štyri ročné obdobia a ľudia sa môžu tešiť na zmeny ročných období. Ľudia budú cítiť Božiu lásku tešiac sa na špecifické charakteristiky každého obdobia: jar, leto, jeseň a zima. Teraz sa niekto môže opýtať: „Budeme musieť znášať horúčavy leta a chladné zimy aj v nebi?" Ale počasie v nebi má najdokonalejšie podmienky pre život Božích detí, a preto nebudú trpieť v dôsledku horúceho alebo studeného počasia. Aj keď duchovné telá nemôžu cítiť chlad alebo teplo ani na studených alebo horúcich miestach, môžu však cítiť chladný a teplý vzduch. Takže v nebi nebude nikto trpieť horúcim alebo studeným počasím.

Na jeseň sa môžu Božie deti tešiť z krásne opadaného lístia, v zime môžu vidieť biely sneh. Budú si môcť vychutnať krásu, ktorá je oveľa krajšia než čokoľvek na tomto svete. Dôvodom, prečo Boh urobil štyri ročné obdobia v nebi je, aby Jeho deti vedeli, že všetko, čo chcú, je pre ich potešenie pripravené v nebi. Tiež je to príklad Jeho lásky na uspokojenie Jeho detí, keď im bude chýbať táto zem, na ktorej boli kultivované, kým sa nestali pravými Božími deťmi.

Nebo sa nachádza v štvorrozmernom svete, ktorý nemožno porovnávať s týmto svetom. Je plné Božej lásky a moci a je tam nekonečné množstvo udalostí a aktivít, ktoré si ľudia ani nedokážu predstaviť. O šťastnom večnom živote veriacich v nebi sa dozviete viac v kapitole 5.

Iba tí, ktorých mená sú zaznamenané v Knihe života Baránka, môžu vstúpiť do neba. Ako je uvedené v Zjv 21, 6-8, len ten, kto pije vodu života a stane sa Božím dieťaťom, môže zdediť Božie kráľovstvo.

A povedal mi: „Stalo sa! Ja som Alfa a Omega, Počiatok i Koniec. Smädnému dám zadarmo z prameňa živej vody. Kto zvíťazí, zdedí toto; a ja budem jeho Bohom a on bude mojím synom. Ale zbabelci, neveriaci, poškvrnení, vrahovia, smilníci, traviči, modloslužobníci a všetci luhári budú mať podiel v jazere horiacom ohňom a sírou; to je tá druhá smrť."

Základnou povinnosťou človeka je báť sa Boha a Jeho prikázaní (Kaz 12, 13). Takže, ak sa Boha nebojíte alebo porušujete Jeho slovo a pokračujete v páchaní hriechu, aj keď viete, že hrešíte, nemôžete sa dostať do neba. Zlí ľudia, vrahovia, cudzoložníci, kúzelníci a modloslužobníci, rozhodne do neba nepôjdu. Ignorovali Boha, slúžili démonom a verili v cudzích bohov nasledujúc nepriateľa Satana a diabla.

Ani tí, ktorí Bohu klamú a hovoria proti Duchu Svätému a rúhajú sa Mu, do neba nikdy nevstúpia. Ako som už vysvetlil v knihe *Peklo*, týchto ľudí čaká večný trest v pekle.

V mene Pánovom sa preto modlím, aby ste nielen prijali Ježiša Krista a získali právo stať sa Božím dieťaťom, ale tiež nasledovaním Božieho Slova tešili sa večnému šťastiu v tomto krásnom nebi, ktoré je také čisté ako krištáľ.

Kapitola 2

Raj Edenu a čakáreň na nebo

1. Raj Edenu, kde žil Adam
2. Ľudia sú kultivovaní na zemi
3. Čakáreň na nebo
4. Ľudia, ktorí do čakárne nejdú

Potom Pán, Boh,
vysadil na východe, v Edene,
raj a tam umiestnil človeka, ktorého utvoril.
A Pán, Boh, dal vyrásť zo zeme stromom všetkých druhov,
na pohľad krásnym a na jedenie chutným,
i stromu života v strede raja
a stromu poznania dobra a zla.

- Gn 2, 8-9 -

Prvý človek Adam, ktorého stvoril Boh, žil v raji Edenu ako živý duch, ktorý mohol komunikovať s Bohom. Po dlhej dobe sa však Adam dopustil hriechu neposlušnosti, pretože napriek Božiemu zákazu jedol zo stromu poznania dobra a zla. Ako výsledok jeho duch, ktorý bol pánom človeka, zomrel. Adam bol vyhnaný z raja Edenu a musel žiť na tejto zemi. Duch Adama a Evy zomrel a už viac nemohli s Bohom komunikovať. Ako veľmi im musel chýbať život v raji Edenu, keď žili na tejto prekliatej zemi?

Vševediaci Boh ešte pred začiatkom vekov vedel o neposlušnosti Adama a vopred pripravil Ježiša Krista, aby keď nadíde čas, otvoril cestu k spáse. Každý, kto je spasený vierou, zdedí nebeské kráľovstvo, ktoré sa nedá porovnať ani s rajom Edenu.

Potom, čo bol Ježiš vzkriesený a vystúpil do neba, stvoril miesto, kde čakajú tí, ktorí sú spasení, tzv. čakáreň na nebo, až do súdneho dňa, zatiaľ čo On im pripravuje príbytky. Poďme sa pozrieť na raj Edenu a čakáreň na nebo, aby sme nebu lepšie porozumeli.

1. Raj Edenu, kde žil Adam

Gn 2, 8-9 popisuje raj Edenu. Je to miesto, kde žil prvý muž Adam a jeho žena Eva, ktorých stvoril Boh.

Potom Pán, Boh, vysadil na východe, v Edene, raj

a tam umiestnil človeka, ktorého utvoril. A Pán, Boh, dal vyrásť zo zeme stromom všetkých druhov, na pohľad krásnym a na jedenie chutným, i stromu života v strede raja a stromu poznania dobra a zla.

Keďže raj Edenu bolo miesto, kde mal žiť Adam, živý duch, muselo byť niekde v duchovnom svete. Tak teda, kde sa dnes skutočne nachádza raj Edenu, domov prvého človeka Adama?

Miesto raja Edenu

Boh mnohokrát spomenul v Biblii „nebesia," aby ste vedeli, že existujú dimenzie v duchovnom svete za oblohou, ktorú vidíte voľným okom. Boh používal slovo „nebesia," aby ste pochopili dimenzie, ktoré patria do duchovného sveta.

Hľa, Pánovo je nebo a nebesia nebies, zem a všetko, čo je na nej! (Dt 10, 14)

Zem stvoril svojou mocou, svojou múdrosťou postavil svet a svojím dôvtipom rozpäl nebesá (Jer 10, 12).

Chváľte ho, nebies nebesia a všetky vody nad oblohou! (Ž 148, 4)

Preto by ste mali pochopiť, že "nebesia" neznamená iba oblohu viditeľnú voľným okom. Nebo, kde sa nachádza Slnko, Mesiac a hviezdy, je prvé nebo. Je tu však aj druhé a tretie nebo, ktoré patria do duchovného sveta. V 2 Kor 12 apoštol Pavol hovorí o treťom nebi. Celé nebesia, od raja po Nový Jeruzalem, sú v tomto treťom nebi.

Apoštol Pavol bol v raji, ktorý je miestom pre ľudí s najmenšou vierou a nachádza sa najďalej od Božieho trónu. A tam sa dozvedel o tajomstvách neba. No vyznal, že sú to „tajomné slová, ktoré človek nesmie vysloviť."

Tak potom, aký druh duchovného sveta je druhé nebo? Je iné ako tretie nebo a patrí tu raj Edenu. Väčšina ľudí si myslí, že raj Edenu sa nachádza na tejto zemi. Mnoho biblických učencov a výskumníkov viedlo archeologické výskumy a štúdie po celej Mezopotámii a okolo horných tokov riek Eufrat a Tigris na Blízkom východe. Avšak vôbec nič nenašli. Dôvod, prečo ľudia nemôžu na tejto zemi nájsť raj Edenu, je ten, že sa nachádza v druhom nebi, ktoré patrí do duchovného sveta.

Druhé nebo je tiež miestom zlých duchov, ktorí boli po Luciferovom povstaní vyhnaní z tretieho neba. Gn 3, 24 hovorí: „Ba vyhnal človeka a na východ od raja Edenu postavil cherubov a vytasený ohňový meč, aby strážili cestu k stromu života." Boh to urobil, aby zabránil zlým duchom získať večný život vstupom do raja Edenu a jedením zo stromu života.

Brány do raja Edenu

Teraz by ste mali pochopiť, že druhé nebo sa nenachádza nad prvým nebom a tretie nebo sa nenachádza nad druhým nebom. Nemôžete pochopiť štvor a viac rozmerný svet myslením a vedomosťami o trojrozmernom svete. Tak teda, akú štruktúru majú nebesia? Trojrozmerný svet, ktorý vidíte, a duchovné nebesia sa zdajú byť oddelené, ale súčasne sa prekrývajú a sú navzájom prepojené. Existujú však brány, ktoré spájajú trojrozmerný a duchovný svet.

Hoci ich nemôžete vidieť, tieto brány spájajú prvé nebo s rajom Edenu v druhom nebi. Tiež existujú brány, ktoré vedú do tretieho neba. Tieto brány nie sú umiestnené veľmi vysoko, sú približne vo výške oblakov, ktoré môžete vidieť z lietadla.

V Biblii sa môžete dočítať, že existujú brány, ktoré vedú do neba (Gn 7, 11; 2 Kr 2, 11; Lk 9, 28-36; Sk 1, 9; 7, 56). Takže, keď sa otvorí brána nebies, je možné vojsť do rôznych nebies v duchovnom svete a tí, ktorí sú spasení skrze vieru, môžu ísť až do tretieho neba.

Je to rovnaké s podsvetím a peklom. Tieto miesta tiež patria do duchovného sveta a existujú brány, ktoré vedú do týchto miest. Takže, keď zomrú ľudia bez viery, vojdú cez tieto brány do podsvetia, ktoré je časťou pekla alebo pôjdu priamo do pekla.

Duchovné a hmotné dimenzie existujú súčasne

Raj Edenu, ktorý patrí do druhého neba, nachádza sa v duchovnom svete, ale tento svet sa líši od duchovného sveta tretieho neba. Nie je úplným duchovným svetom, pretože môže existovať súčasne s hmotným svetom.

Inými slovami, raj Edenu sa nachádza v priestore medzi hmotným svetom a duchovným svetom. Prvý človek Adam bol živý duch, ale mal hmotné telo stvorené z prachu. A tak Adam a Eva boli plodní, a preto sa rozmnožili rodením detí, tak ako my ľudia (Gn 3, 16).

Aj potom, čo prvý človek Adam jedol zo stromu poznania

dobra a zla a bol vyhnaný do tohto sveta, jeho deti, ktoré zostali v raji Edenu, dodnes žijú ako živí duchovia bez umierania. Raj Edenu je veľmi pokojné miesto, kde neexistuje smrť. Je riadené Božou mocou a kontrolované podľa pravidiel a príkazov, ktoré ustanovil Boh. Aj keď tam nie je žiadny rozdiel medzi dňom a nocou, Adamovi potomkovia vedia, kedy majú byť aktívni, kedy majú odpočívať, a tak ďalej.

Raj Edenu má veľmi podobné vlastnosti ako táto zem. Je naplnený mnohými rastlinami, zvieratami a hmyzom. Má tiež nekonečnú a krásnu prírodu. Ale nie sú tam žiadne vysoké hory, len malé kopce. Na týchto kopcoch sú budovy podobajúce sa domom, v ktorých ľudia len oddychujú, ale nebývajú v nich.

Rekreačné miesto Adama a jeho potomkov

Prvý človek Adam žil v raji Edenu veľmi dlho, bol plodný a jeho rod sa rozrástol. Keďže Adam a jeho potomkovia boli živí duchovia, kedykoľvek mohli zostúpiť na zem cez brány druhého neba.

Pretože Adam a jeho potomkovia dlhú dobu navštevovali zem ako rekreačné miesto, mali by ste si uvedomiť, že história ľudstva je veľmi dlhá. Niektorí ľudia si pletú túto históriu so šesťtisícročnou históriou kultivácie človeka a Biblii neveria.

Keď sa poriadne pozriete na tajomnú starovekú civilizáciu, uvedomíte si, že Adam a jeho potomkovia prichádzali na túto zem. Napríklad, pyramídy a sfinga v Gíze v Egypte sú tiež stopami Adama a jeho potomkov, ktorí žili v raji Edenu. Takéto stopy nachádzame po celom svete a boli postavené oveľa sofistikovanejšou a modernejšou vedou a technikou, ktorú nedokážeme napodobniť modernými vedeckými poznatkami ani dnes.

Napríklad, pyramídy ukrývajú nádherné matematické výpočty a geometrické a astronomické znalosti, ktoré môžete zistiť a pochopiť len pokročilým štúdiom. Obsahujú mnoho tajomstiev, ktoré môžete pochopiť len vtedy, keď poznáte presné súhvezdia a cyklus vesmíru. Niektorí ľudia považujú tieto tajomné starobylé civilizácie za stopy mimozemšťanov z vesmíru. Ale s Bibliou môžete zodpovedať všetky otázky, na ktoré veda nemá odpoveď.

Stopy civilizácie Edenu

Adam mal v raji Edenu nepredstaviteľný rozsah vedomostí a zručností. To bol výsledok toho, že Boh Adama naučil pravému poznaniu. Tieto znalosti a chápanie sa hromadili a postupom času vyvíjali. Takže pre Adama, ktorý vedel o vesmíre všetko a podmanil si zem, nebolo nikdy ťažké stavať pyramídy a sfingy. Vzhľadom k tomu, že Adama učil Boh, prvý človek vedel veci, ktoré nepoznáme a nechápeme ani s dnešnou modernou vedou.

Niektoré pyramídy boli postavené Adamovou zručnosťou a vedomosťami, ale ostatné boli postavené jeho potomkami, a ešte ďalšie postavili oveľa neskôr ľudia tejto zeme, ktorí sa snažili napodobniť Adamove pyramídy. Všetky tieto stavby majú rôzne technické rozdiely. To je preto, lebo iba Adam mal Bohom danú právomoc podmaniť si celé stvorenie.

Adam žil v raji Edenu veľmi dlho, občas zostupoval na zem, ale po spáchaní hriechu neposlušnosti bol vyhnaný z raja Edenu. Avšak, Boh ešte dlho potom neuzavrel brány, ktoré spájali zem a raj Edenu.

Preto Adamovi potomkovia, ktorí naďalej žili v raji Edenu, voľne prichádzali na túto zem. A keďže prichádzali čoraz častejšie, začali si brať dcéry ľudí za manželky (Gn 6, 1-4).

Potom Boh zavrel brány na oblohe, ktoré spájali zem a raj Edenu. Napriek tomu cestovanie neprestalo úplne, ale dostalo sa pod prísnu kontrolu ako nikdy predtým. Musíte si uvedomiť, že väčšina tajomnej a nevyriešenej dávnej civilizácie sú stopy po Adamovi a jeho potomkoch zanechané v čase, keď mohli voľne navštevovať túto zem.

História ľudí a dinosaurov na Zemi

Ako je teda možné, že dinosaury žili na zemi, ale náhle vyhynuli? Je to tiež jedným z veľmi dôležitých dôkazov veku dejín ľudstva. Je to tajomstvo, ktoré možno odhaliť len s Bibliou.

V skutočnosti Boh umiestnil dinosaurov v raji Edenu. Boli síce mierne, ale boli vyhnané na zem, pretože sa dostali do pasce Satana v období, v ktorom Adam mohol voľne cestovať medzi touto zemou a rajom. Dinosaury boli nútené žiť na tejto zemi a teda neustále museli hľadať potravu. Na rozdiel od doby, keď žili v raji Edenu, kde bol dostatok všetkého, táto zem nedokázala poskytnúť dostatok jedla pre obrovské dinosaury. Zjedli všetko ovocie, obilie a rastliny, a potom začali jesť zvieratá. Boli by zničili životné prostredie a potravinový reťazec. Boh nakoniec rozhodol, že dinosaury už nemohli žiť na tejto zemi, a preto ich vyhubil ohňom z neba.

Dnes mnoho učencov tvrdí, že dinosaury žili na tejto zemi po dlhú dobu. Hovorí sa, že dinosaury žili viac ako stošesťdesiat miliónov rokov. Ale žiadny z názorov nepodáva uspokojivé vysvetlenie, ako je možné, že také veľké množstvo dinosaurov zaniklo tak náhle. Taktiež, ak by sa tieto obrovské dinosaury vyvíjali tak dlho, čo by jedli po celú tú dobu, aby prežili?

Podľa evolučnej teórie, predtým ako žili rôzne druhy dinosaurov, muselo existovať oveľa viac druhov primitívnejších tvorov, ale o tom však neexistuje žiadny dôkaz. Všeobecne platí, že na to, aby určitý druh alebo kategória zvierat vyhynula, najprv dochádza k zníženiu ich počtu v priebehu času, a až potom úplne vyhynú. Dinosaury však zmizli náhle.

Učenci argumentujú, že toto bol výsledok náhlej zmeny počasia, vírusu, radiácie spôsobenej výbuchom inej hviezdy alebo zrážky veľkého meteoritu so Zemou. Napriek tomu, ak by táto zmena bola taká katastrofálna, že by zabila všetky dinosaury, vyhubila by aj všetky ostatné zvieratá a rastliny. Ostatné rastliny, vtáky a cicavce žijú dodnes, takže realita nepodporuje teóriu evolúcie.

Ešte predtým, než sa dinosaury objavili na tejto zemi, Adam a Eva žili v raji Edenu a niekedy navštevovali túto zem. Musíte si uvedomiť, že história Zeme je veľmi dlhá.

Viac sa môžete dozvedieť z mojej kázne „Prednášky knihy Genezis." Teraz vám opisom priblížim krásnu prírodu v raji Edenu.

Krásna príroda v raji Edenu

Predstavte si, že ležíte pohodlne na boku na lúke plnej čerstvých kvetín a stromov, osvetľuje vás svetlo, ktoré jemne objíma celé vaše telo a dívate sa na modrú oblohu s plávajúcimi čistými bielymi mrakmi, ktoré vytvárajú rôzne tvary.

Dolu pod svahom sa krásne ligoce jazero a povieva jemný vánok plný sladkej vône kvetín. Môžete viesť nádherné rozhovory s vašimi milovanými a ste šťastní. Niekedy si môžete ľahnúť na široké pastviny alebo hromadu kvetov a jemným dotykom môžete cítiť ich sladkú vôňu. Môžete si tiež ľahnúť do tieňa stromu obsypaného veľkým a chutným ovocím a jesť toľko ovocia, koľko chcete.

V jazere a v mori je veľa druhov pestrofarebných rýb. Ak chcete, môžete ísť na neďalekú pláž a vychutnať si osviežujúce vlny a pláže s bielym pieskom, ktoré sa na slnku trbliecu. Alebo ak chcete, môžete dokonca plávať ako ryby.

Príde k vám krásny jeleň, zajac alebo veverička s krásnymi, lesklými očami a budú robiť roztomilé veci. Na veľkej lúke sa spolu pokojne hrá mnoho zvierat.

To je raj Edenu, kde je plnosť pokoja, mieru a radosti. Mnoho ľudí tohto sveta by rado vymenilo rušný život za tento druh pokoja a mieru.

Hojný život v raji Edenu

Ľudia v raji Edenu môžu jesť a zo všetkého sa tešiť, koľko sa im zachce, aj keď vôbec nepracujú. Neexistuje tam žiadny strach, obavy alebo úzkosť. Raj je plný radosti, potešenia a pokoja. Pretože je všetko riadené pravidlami a príkazmi Boha, ľudia tam majú večný život, aj keď pre to nič nespravili.

V raji Edenu, ktorý má podobnú prírodu ako táto zem, aj väčšina vecí funguje ako na tejto zemi. Ale pretože tam nedochádza k znečisteniu alebo zmenám od doby, kedy bol prvýkrát stvorený, ľudia v raji udržiavajú prírodu čistú a krásnu, na rozdiel od ľudí na tejto zemi.

A aj keď ľudia v raji Edenu obvykle nenosia žiadne oblečenie, nemajú pocit hanby a necudzoložia, pretože v srdciach nemajú hriešnu prirodzenosť ani žiadne zlo. Je to, ako keď sa novorodenec hrá voľne nahý bez akýchkoľvek myšlienok o tom, čo si iní môžu myslieť alebo hovoriť.

Príroda raja Edenu je bezpečná pre ľudí, aj keď nenosia žiadne oblečenie, takže necítia žiaden nepokoj z toho, že sú nahí. Ako dobre by sa tam žilo, keďže tam nie je nič nebezpečné, ako napríklad, hmyz alebo tŕne, ktoré poškodzujú pokožku!

Niektorí ľudia nosia odev. Sú vodcami skupín rôznej veľkosti. V raji Edenu sú príkazy a pravidlá. V skupine je vodca a členovia, ktorí ho počúvajú a nasledujú. Títo vodcovia na rozdiel od iných nosia odev, ale odev nosia len preto, aby ukázali svoje postavenie, nie na zakrývanie tela, ochranu alebo ozdobu.

Gn 3, 8 zaznamenáva zmenu teploty v raji Edenu: *"A potom, keď počuli hlas Pána, Boha, ktorý sa za denného vánku prechádzal po záhrade, skryl sa Adam i jeho žena pred Pánom, Bohom, medzi stromami záhrady."* Tu si môžete uvedomiť, že ľudia v raji Edenu cítili „vánok". Ale to neznamená, že sa potili v neznesiteľne horúci deň alebo triasli od zimy v chladný deň, ako by to bolo na tejto zemi.

Raj Edenu má vždy najpohodlnejší stupeň teploty, vlhkosti a vetra, a tak tam neexistuje nepohodlie spôsobené zmenami počasia.

Taktiež, raj Edenu nemá dňa ani noci. Vždy je obklopený svetlom Boha Otca a vždy máte pocit, že je deň. Ľudia majú čas na odpočinok a zmenou teploty rozlišujú čas, kedy majú byť aktívni od času na odpočinok.

Táto zmena teploty však neznamená, že dochádza k dramatickými zmenám, aby ľudia zrazu cítili teplé alebo studené počasie. Je to len mierny vánok, ktorý je príjemnejší na odpočinok.

2. Ľudia sú kultivovaní na zemi

Raj Edenu je taký široký a veľký, že si jeho veľkosť nedokážete predstaviť. Je asi miliardkrát väčší ako naša Zem. Prvé nebo, kde ľudia môžu žiť len sedemdesiat alebo osemdesiat rokov, zdá sa byť nekonečné a rozkladajúce sa od našej slnečnej sústavy až ďaleko ku galaxiám. O koľko väčší je teda raj Edenu, kde sa ľudia množia bez toho, aby umierali?

Bez ohľadu na to, aký krásny, hojný a veľký je raj Edenu, nikdy nemôže byť prirovnávaný k nijakému miestu v nebi. Aj raj, ktorý je čakárňou na nebo, je oveľa krajší a šťastnejší. Večný život v raji Edenu je veľmi odlišný od večného života v nebi.

Preto na základe preskúmania Božieho plánu a procesu, ktorým bol Adam vyhnaný z raja Edenu a kultivovaný na tejto zemi, uvidíte, ako sa raj Edenu líši od čakárne na nebo.

Strom poznania dobra a zla v raji Edenu

Prvý človek Adam mohol jesť, čo len chcel, podmaniť si celé stvorenie a žiť večne v raji Edenu. Napriek tomu, keď si prečítate Gn 2, 16-17, zistíte, že Boh človeku prikázal: *„Zo všetkých stromov raja môžeš jesť. Zo stromu poznania dobra a zla však nejedz! Lebo v deň, keď by si z neho jedol, istotne zomrieš."*

Aj keď dal Boh Adamovi obrovskú právomoc podmaniť si celé stvorenie a slobodnú vôľu, zakázal mu jesť zo stromu poznania dobra a zla. V raji Edenu je veľa druhov farebného, krásneho a chutného ovocia, ktoré nemožno porovnávať s ovocím na tejto zemi. Boh dal všetky plody Adamovi pod kontrolu, a tak mohol jesť toľko, koľko sa mu zachcelo.

Ale ovocie zo stromu poznania dobra a zla bolo výnimkou. Cez toto by ste si mali uvedomiť, že aj keď Boh už vedel, že Adam bude jesť zo stromu poznania dobra a zla, nenechal Adama len tak spáchať hriech. Ako dnes mnoho ľudí nechápe, ak by Boh zamýšľal Adama skúšať umiestnením stromu poznania dobra a zla v raji, pretože vedel, že Adam by to urobil, neprikazoval by Adamovi tak prísne. Takže vidíte, že Boh neumiestnil strom poznania dobra a zla v raji zámerne, aby z neho Adam jedol, alebo aby ho skúšal.

Rovnako ako je napísané v Jak 1, 13: *„Nech nik v pokušení nehovorí: „Boh ma pokúša." Veď Boha nemožno pokúšať na zlé a ani on sám nikoho nepokúša."* Boh nikoho nepokúša.

Prečo potom Boh umiestnil strom poznania dobra a zla v raji Edenu?

Ak dokážete byť radostní, spokojní a šťastní, je to preto, že ste zažili opačné pocity smútku, bolesti a utrpenia. Z rovnakého dôvodu, ak viete, že dobro, pravda a svetlo sú dobré, je to preto, že ste zažili a viete, že zlo, lož a temnota sú zlé.

Ak ste nezažili túto relativitu, nemôžete vo svojom srdci cítiť, aká dobrá je láska, dobro a šťastie, aj keď o tom viete, pretože ste to počuli.

Napríklad, môže človek, ktorý nebol nikdy chorý alebo nevidel chorého človeka, vedieť, čo je bolesť z choroby? Tento človek ani nevie, že je relatívne dobré byť zdravý. Taktiež, ak človek nebol nikdy v núdzi a nikdy nepoznal iného človeka v núdzi, koľko by vedel o chudobe? Takýto človek bez ohľadu na to, aký je bohatý, nemal by pocit, že je „dobré" byť bohatý. A rovnako, ak človek nezažil chudobu, nemohol by byť skutočne vďačný z hĺbky srdca.

Ak človek nepozná hodnotu dobrých vecí, ktoré má, nepozná hodnotu šťastia, z ktorého sa teší. Ale ak človek zažil bolesť z choroby a smútok z biedy, v srdci bude vďačný za šťastie byť zdravý a bohatý. To je dôvod, prečo Boh umiestnil v raji strom poznania dobra a zla.

Preto Adam a Eva, ktorí boli vyhnaní z raja Edenu, zažili túto relativitu a uvedomili si lásku a požehnania, ktoré im Boh dal. Až potom sa mohli stať pravými Božími deťmi, ktoré poznali hodnotu skutočného šťastia a života.

Boh však neviedol Adama na túto cestu úmyselne. Adam sa rozhodol neposlúchnuť Boží príkaz vo svojej slobodnej vôli. V láske a spravodlivosti Boh naplánoval kultiváciu človeka.

Božia prozreteľnosť v kultivácii ľudí

Keď boli ľudia z raja vyhnaní a začali byť kultivovaní na tejto zemi, zažili všetky druhy utrpenia, ako sú slzy, smútok, bolesť, choroba a smrť. Ale to ich viedlo k tomu, aby cítili skutočné šťastie a tešili sa na večný život v nebi.

Preto to, že nás robí Jeho pravými deťmi prostredníctvom tejto kultivácie, je len jedným z príkladov nádhernej Božej lásky a Jeho plánu. Rodičia by nepovažovali za stratu času tréning a niekedy aj trestanie ich detí, ak im to môže pomôcť k tomu, aby boli úspešné. Aj v prípade, že deti veria v slávu, ktorej sa im dostane v budúcnosti, budú trpezlivé a prekonajú ťažké situácie a prekážky.

Rovnako, ak premýšľate nad pravým šťastím, ktorému sa budete tešiť v nebi, byť kultivovaní na tejto zemi nie je ťažké ani bolestivé. Mali by ste byť vďační za to, že môžete žiť podľa Božieho Slova, pretože máte nádej na slávu, ktorú dostanete neskôr.

Takže, kto by bol Bohu drahší, tí, ktorí sú naozaj Bohu vďační po tom, čo zažili mnoho útrap na tejto zemi alebo ľudia v raji Edenu, ktorí si v skutočnosti necenia to, čo majú, aj keď žijú v takom krásnom a bohatom prostredí?

Boh kultivoval Adama, ktorý bol vyhnaný z raja Edenu a kultivuje jeho potomkov na tejto zemi, aby sa z nich stali Jeho pravé deti. Keď sa táto kultivácia skončí a v nebi budú pripravené príbytky, Pán sa vráti. Ak pôjdete do neba, budete žiť vo večnom šťastí, pretože ani najnižšia úroveň neba nemôže byť porovnávaná s krásou raja Edenu.

Preto by ste si mali uvedomiť Božiu prozreteľnosť v kultivácii človeka a snažiť sa stať Jeho pravými deťmi, ktoré konajú podľa Jeho Slova.

3. Čakáreň na nebo

Potomkovia Adama, ktorí neuposlúchli Boha, raz zomrú a potom budú čeliť súdu (Hebr 9, 27). Ale duch ľudskej bytosti je nesmrteľný, a tak musí ísť buď do neba, alebo do pekla.

Avšak nejde priamo do neba alebo do pekla, ale zostáva v čakárni na nebo alebo na peklo. Tak teda, čo je to za miesto tá čakáreň na nebo, kde idú Božie deti?

Duch človeka po smrti z tela odchádza

Keď človek zomrie, jeho duch z tela odchádza. Po smrti bude každý, kto o tom nevedel, veľmi prekvapený, keď tam uvidí ležať seba samého. Aj v prípade, že je veriaci, aké čudné to bude, hneď po tom, ako jeho duch opustí telo? Ak do štvorrozmerného sveta vstúpite z trojrozmerného sveta, v ktorom v súčasnosti žijete, všetko je úplne iné. Telo sa zdá byť veľmi ľahké a máte pocit, že letíte. Ale nemôžete mať neobmedzenú slobodu ani po tom, čo váš duch z tela odíde.

Rovnako ako mláďatá vtákov nevedia hneď lietať, aj keď sa narodia s krídlami, budete potrebovať ešte nejaký čas na prispôsobenie sa duchovnému svetu a naučiť sa základné veci.

Takže tí, ktorí zomrú vo viere v Ježiša Krista, sú sprevádzaní dvoma anjelmi a idú do horného podsvetia. Tam sa od anjelov a prorokov dozvedia o živote v nebi.

Ak budete čítať Bibliu, zistíte, že existujú dva druhy podsvetí. Predkovia viery, ako sú Jakub a Jób hovoria, že po smrti pôjdu do podsvetia (Gn 37, 35; Jób 7, 9). Kore a jeho skupina, ktorí pôsobili proti Mojžišovi, Božiemu človeku, zostúpili do podsvetia zaživa (Nm 16, 33).

Lk 16 vykresľuje bohatého muža a žobráka menom Lazár, ktorí išli po smrti do podsvetia. No uvedomíte si, že nešli do rovnakého „podsvetia." Boháč veľmi trpí v ohni, zatiaľ čo Lazár odpočíva ďaleko od neho po boku Abraháma.

Teda vidíte, že existuje podsvetie pre tých, ktorí sú spasení a podsvetie pre tých, ktorí nie sú spasení. Podsvetie, do ktorého išiel Kore s jeho mužmi a aj bohatý muž, a tiež sa nazýva „dolné podsvetie," patrí k peklu. Ale podsvetie, do ktorého išiel Lazár, je horné podsvetie, ktoré patrí k nebu.

Tri dni v hornom podsvetí

V dobe Starého zákona tí, ktorí boli spasení, čakali v hornom podsvetí. Keďže Abrahám, praotec viery, mal na starosti horné podsvetie, v Lk 16 je žobrák Lazár pri Abrahámovi. Avšak po tom, čo bol Pán vzkriesený a vystúpil do neba, tí, ktorí sú spasení, už nejdú k Abrahámovi do horného podsvetia. Zostanú v hornom podsvetí tri dni a potom pokračujú niekde do raja. To znamená, že budú s Pánom v čakárni na nebo.

Ako Ježiš v Jn 14, 2 hovorí: *„V dome môjho Otca je mnoho príbytkov. Keby to tak nebolo bol by som vám povedal, že vám idem pripraviť miesto?"* po Jeho vzkriesení a nanebovstúpení, náš Pán pripravuje miesto pre každého veriaceho človeka. A teda, odkedy začal Pán pripravovať miesta pre Božie deti, tí, ktorí sú spasení, zostávajú v čakárni na nebo, ktorá je niekde v raji.

Niektorí sa divia, ako môže tak veľa ľudí, ktorí sú spasení od stvorenia sveta, žiť v raji. No netreba sa obávať. Dokonca i slnečná sústava, ku ktorej patrí naša Zem, je len bodkou v porovnaní s galaxiou. Tak teda, aká veľká je galaxia? V porovnaní s celým vesmírom, galaxia je len bodka. Aký veľký je vlastne vesmír?

Tento vesmír je jedným z mnohých, takže je nemožné pochopiť veľkosť celého vesmíru. Ak je tento hmotný svet taký veľký, o koľko väčší bude duchovný svet?

Čakáreň na nebo

Akým miestom je čakáreň na nebo, kde tí, ktorí sú spasení zostávajú po tom, čo strávili tri dni prispôsobovania sa v hornom podsvetí? Keď ľudia vidia krásnu prírodu, žasnú: „To je raj na zemi" alebo „je to ako raj Edenu!" Raj Edenu však nemožno porovnávať s krásou na tomto svete. Ľudia v raji Edenu žijú úžasným a snovým spôsobom života plným šťastia, pokoja a radosti. Napriek tomu sa páči iba ľuďom na tejto zemi. Ale akonáhle vstúpite do neba, ihneď zmeníte názor. Rovnako ako nemôže byť raj Edenu porovnávaný s touto zemou, ani nebo nemožno porovnávať s rajom Edenu. Je zásadný rozdiel medzi šťastím v raji Edenu, ktorý patrí do druhého neba a šťastím v čakárni na nebo v raji v treťom nebi. To je preto, lebo ľudia v raji Edenu nie sú v skutočnosti pravými Božími deťmi, ktorých srdcia boli kultivované.

Vysvetlime si to na príklade, ktorý vám pomôže ľahšie to pochopiť. Keď ešte nebola vynájdená elektrina, kórejski predkovia používali petrolejové lampy. Tieto lampy boli v porovnaní s elektrickým osvetlením, ktoré máte dnes, slabé, ale keď v noci nebolo svetla, boli veľmi vzácne. Po tom, čo ľudia vytvorili a naučili sa používať elektrickú energiu, začali sme používať elektrické osvetlenie. Pre tých, ktorí boli zvyknutí vídať iba petrolejové lampy, elektrické osvetlenie bolo úžasné a boli fascinovaní jeho jasom.

Ak poviete, že na tejto zemi je bez svetla úplná tma, možno povedať, že raj Edenu je miestom, kde majú petrolejové lampy a nebo je miesto s elektrickým osvetlením. Rovnako ako sa petrolejová lampa a elektrické osvetlenie úplne líšia, hoci obe sú svetlá, čakáreň na nebo je úplne iným miestom ako raj Edenu.

Čakáreň na nebo na konci raja

Čakáreň na nebo sa nachádza na okraji raja. Raj je miesto pre tých ľudí, ktorí majú najmenšiu vieru a tiež je najďalej od Božieho trónu. Je to veľmi veľký priestor.

Tí, ktorí čakajú na okraji raja, učia sa duchovným poznatkom od prorokov. Učia sa o trojjedinom Bohu, o nebi, o pravidlách duchovného sveta, atď. Rozsah týchto znalostí je neobmedzený, takže neexistuje koniec učenia. Ale štúdium duchovných vecí nie je nikdy nudné alebo zložité, na rozdiel od niektorých štúdií na tejto zemi. Čím viac sa naučíte, tým ohromenejší a osvietenejší ste, takže je to o to lákavejšie.

Aj na tejto zemi môžu tí, ktorí majú čisté a tiché srdce, komunikovať s Bohom a dosiahnuť duchovné poznanie. Niektorí z týchto ľudí vidia duchovný svet, pretože ich duchovné oči sú otvorené. Taktiež si niektorí ľudia uvedomujú duchovné veci inšpiráciou Ducha Svätého. Môžu sa dozvedieť o viere alebo o pravidlách prijímania odpovedí na modlitby, takže aj v tomto hmotnom svete môžu prežívať Božiu moc, ktorá patrí k duchovnému svetu.

Ak sa môžete dozvedieť o duchovných záležitostiach a skúsenostiach na tomto hmotnom svete, stanete sa aktívnejšími a šťastnejšími. O koľko radostnejšími a šťastnejšími by ste boli, keby ste sa mohli naučiť duchovné veci do hĺbky v čakárni na nebo!

Správy o tomto svete

Aký druh života vedú ľudia v čakárni na nebo? Zažívajú pravý pokoj a čakajú na odchod do večných domovov v nebi. Nič im nechýba a tešia sa zo šťastia a radosti. Nestrácajú čas, ale aj naďalej sa učia od anjelov a prorokov.

Medzi nimi sú určení vodcovia a žijú podľa pravidiel. Nesmú zostúpiť na túto zem, takže sú vždy zvedaví, čo sa tu deje. Nie sú zvedaví na pozemské veci, ale sú zvedaví na záležitosti týkajúce sa Božieho kráľovstva, ako napríklad, „Ako sa darí cirkvi, do ktorej som patril? Koľko z daného poslania cirkev dosiahla? Ako sa darí svetovej misii?"

Takže sú veľmi potešení, keď počujú správy o tomto svete od anjelov, ktorí môžu prísť na túto zem alebo od prorokov v Novom Jeruzaleme.

Boh mi raz zjavil niektorých členov mojej cirkvi, ktorí sú v súčasnosti v čakárni na nebo. Modlia sa na rôznych miestach a čakajú na správy o mojej cirkvi. Predovšetkým sa zaujímajú o poslanie dané mojej cirkvi, ktorým je svetová misia a budovanie veľkolepej svätyne. Kedykoľvek počujú dobré správy, sú veľmi šťastní. Takže keď počujú správy o velebení Boha skrze naše zahraničné krížové výpravy, veľmi sa potešia, sú spokojní a usporiadajú festival.

Rovnako aj ľudia v čakárni na nebo trávia čas šťastne a príjemne, dostávajúc správy o tejto zemi.

Prísne pravidlá v čakárni na nebo

Ľudia na rôznych úrovniach viery, ktorí po súdnom dni

vstúpia do rôznych miest v nebi, zostávajú v čakárni na nebo, ale hierarchia je presne dodržiavaná. Ľudia, ktorí majú menšiu vieru, prejavujú rešpekt ľuďom s väčšou vierou sklonením hlavy. Duchovné pravidlá nie sú ustanovené na základe ich pozície na tomto svete, ale mierou ich svätosti a vernosti v Bohom danej povinnosti.

Pravidlá sú prísne preto, lebo Boh v nebi spravodlivo vládne. Vzhľadom k tomu, že pravidlá sú ustanovené na základe jasnosti svetla, miery dobroty a veľkosti lásky každého veriaceho, nikto sa nemôže sťažovať. V nebi sa každý riadi duchovným poriadkom, pretože v mysliach spasených ľudí nie je žiadne zlo.

Avšak tento poriadok a rôzne druhy slávy nemajú priniesť vynútenú poslušnosť. Tá pochádza iba z lásky a z rešpektovania pravdivých a úprimných sŕdc. Preto v čakárni na nebo ľudia rešpektujú všetkých tých, ktorí sú srdciami vyššie a prejavujú im rešpekt sklonením hlavy, pretože prirodzene cítia duchovný rozdiel.

4. Ľudia, ktorí do čakárne nejdú

Všetci ľudia, ktorí po súdnom dni vstúpia do príslušných miest neba, sú v súčasnosti na okraji raja, v čakárni na nebo. Existujú však určité výnimky. Tí, ktorí majú vstúpiť do Nového Jeruzalema, najkrajšieho miesta v nebi, idú priamo do Nového Jeruzalema a pomáhajú Božím dielam. Títo ľudia, ktorí majú Božie srdce, ktoré je čisté a krásne ako krištáľ, žijú v mimoriadnej Božej láske a starostlivosti.

V Novom Jeruzaleme pomáhajú Božím dielam

Kde sú teraz naši predkovia viery, ktorí boli svätí a verní v celom Božom dome, ako sú Eliáš, Henoch, Abrahám, Mojžiš a apoštol Pavol? Sú azda v čakárni na nebo na okraji raja? Nie. Pretože títo ľudia boli úplne svätí a úplne napodobnili Božie srdce, už sú v Novom Jeruzaleme. Ale keďže súdny deň ešte nenastal, nemôžu ísť do svojich večných príbytkov.

Tak teda, kde v Novom Jeruzaleme sú? V Novom Jeruzaleme, ktorý je dvetisíc štyristo štrnásť kilometrov široký, dlhý a vysoký, existuje niekoľko duchovných priestorov rôznych dimenzií. Existuje miesto pre Boží trón, niektoré miesta, kde sa stavajú príbytky, a ďalšie miesta, kde naši predkovia viery, ktorí už vstúpili do Nového Jeruzalema, pracujú s Pánom.

Naši predkovia viery, ktorí už vstúpili do Nového Jeruzalema, túžia po dni, kedy vstúpia do ich večných príbytkov, a zároveň pomáhajú Pánovi s Božím dielom prípravy príbytkov pre nás. Veľmi túžia vstúpiť do ich večných príbytkov, ale tam môžu vstúpiť až po druhom príchode Ježiša Krista, po sedemročnej svadobnej hostine a po tisícročí na tejto zemi.

Apoštol Pavol, ktorý bol plný nádeje na nebo, v 2 Tim 4, 7-8 vyznal:

> *Dobrý boj som bojoval, beh som dokončil, vieru som zachoval. Už mám pripravený veniec spravodlivosti, ktorý mi v onen deň dá Pán, spravodlivý sudca; a nielen mne, ale aj všetkým, čo milujú jeho príchod.*

Tí, ktorí bojujú dobrý boj a dúfajú v návrat Pána, majú

definitívnu nádej na príbytok a odmeny v nebi. Tento druh viery a nádeje je možné zvýšiť, ak budete vedieť viac o duchovnom svete, a to je dôvod, prečo nebo podrobne opisujem.

Raj Edenu v druhom nebi alebo čakáreň v treťom nebi sú ešte krajšie ako tento svet, ale ani tieto miesta nie je možné porovnávať so slávou a krásou Nového Jeruzalema, kde sídli Boží trón.

Preto sa v mene Pánovom modlím, aby ste nielen bežali k Novému Jeruzalemu s druhom viery a nádejou, ako mal apoštol Pavol, ale aj viedli veľa duší na cestu spásy šírením evanjelia, aj za cenu vášho života.

Kapitola 3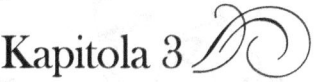

Sedemročná svadobná hostina

1. Pánov návrat a sedemročná svadobná hostina
2. Tisícročie
3. Nebo odmeňované po súdnom dni

*Blahoslavený a svätý, kto má podiel
na prvom vzkriesení! Nad tými druhá smrť
nemá moci, ale budú kňazmi Boha
a Krista a budú s ním kraľovať tisíc rokov.*
- Zjv 20, 6 -

Predtým, než dostanete odmenu a začnete žiť večný život v nebi, prejdete rozsudkom bieleho trónu. Predtým, ako nadíde deň veľkého rozsudku, nastane druhý príchod Pána, sedemročná svadobná hostina, Pánov návrat na zem a tisícročie.

To všetko je to, čo Boh pripravil pre pohodlie Jeho milovaným deťom, ktoré vytrvali vo viere na tejto zemi a dovolí im ochutnať nebo.

Preto tí, ktorí veria v druhý príchod Pána a dúfajú v stretnutie s Tým, ktorý je naším ženíchom, budú sa tešiť na sedemročnú svadobnú hostinu a tisícročie. Božie Slovo zaznamenané v Biblii je pravdivé a všetky proroctvá sa dnes plnia.

Mali by ste byť múdrymi veriacimi a snažiť sa čo najlepšie pripraviť ako Jeho nevesta, pochopením, že ak nebdiete a nežijete v súlade s Božím Slovom, Pánov deň príde ako zlodej a vy zomriete.

Pozrime sa podrobne na podivuhodné veci, ktoré Božie deti zažijú predtým, než pôjdu do neba, ktoré je také čisté a krásne ako krištáľ.

1. Pánov návrat a sedemročná svadobná hostina

Apoštol Pavol v Rim 10, 9 píše: *"Lebo ak svojimi ústami vyznávaš: "Ježiš je Pán!" a vo svojom srdci uveríš, že Boh ho vzkriesil z mŕtvych, budeš spasený."* Aby ste získali spásu, musíte nielen vyznávať, že Ježiš je váš Spasiteľ, ale tiež veriť vo svojom srdci, že zomrel a vstal z mŕtvych.

Ak neveríte v Ježišovo zmŕtvychvstanie, nemôžete veriť vo svoje vlastné vzkriesenie v deň druhého príchodu Pána. Nebudete schopní veriť ani v samotný návrat Pána. Ak neveríte v existenciu neba a pekla, nezískate silu žiť podľa Božieho Slova a nebudete spasení.

Konečný cieľ kresťanského života

1 Kor 15, 19 hovorí: *„Ak len v tomto živote máme nádej v Kristovi, sme najúbohejší zo všetkých ľudí."* Božie deti, na rozdiel od neveriacich ľudí, chodia do kostola, majú účasť na bohoslužbách a každú nedeľu mnohými spôsobmi slúžia Pánovi. Aby žili podľa Božieho Slova, často sa postia a horlivo sa modlia v Božej svätyni skoro ráno alebo neskoro v noci, aj keď by občas potrebovali oddýchnuť.

Taktiež sa nesnažia o výhody pre seba, ale slúžia druhým a obetujú sa pre Božie kráľovstvo. To je dôvod, prečo keby nebolo neba, veriaci by boli najviac ľutovaní. Ale je isté, že Pán sa vracia, aby vás vzal do neba a pripravuje pre vás krásny príbytok. Odmení vás podľa toho, čo ste zasiali a urobili na tomto svete.

Ježiš v Mt 16, 27 hovorí: *„Lebo Syn človeka príde v sláve svojho Otca so svojimi anjelmi a vtedy odplatí každému podľa jeho skutkov."* Tu „odplata každému podľa jeho skutkov" neznamená jednoducho ísť buď do neba alebo do pekla. Aj medzi veriacimi, ktorí pôjdu do neba, odmena a sláva, ktoré dostanú, sú rôzne podľa toho, ako žili na tomto svete.

Niektorým ľuďom prekáža a obávajú sa počuť, že Pán príde čoskoro. Ale ak naozaj milujete Pána a dúfate v nebo, je prirodzené, že sa tešíte na stretnutie s Pánom a dúfate, že to bude čoskoro. Ak perami vyznávate: „Milujem ťa, Pane," ale prekáža vám, a dokonca máte aj strach, keď počujete, že Pán príde čoskoro, nemôžete povedať, že Pána naozaj milujete.

Preto by ste mali prijať Pána, vášho ženícha, s radosťou tešiac sa v srdci na Jeho druhý príchod a pripraviť sa ako Jeho nevesta.

Pánov druhý príchod vo vzduchu

V 1 Tes 4, 16-17 je napísané: *„Lebo na povel, na hlas archanjela a zvuk Božej poľnice sám Pán zostúpi z neba a tí, čo umreli v Kristovi, vstanú prví. Potom my, čo žijeme a zostaneme, budeme spolu s nimi v oblakoch uchvátení do vzduchu v ústrety Pánovi, a tak budeme navždy s Pánom."*

Keď sa Pán opäť vráti vo vzduchu, každé Božie dieťa sa zmení v duchovné telo a bude uchvátené do vzduchu prijať Pána. Sú ľudia, ktorí boli spasení a zomreli. Ich telá sú pochované, ale ich duchovia čakajú v raji. Máme na mysli takých ľudí, ktorí „spia v Pánovi." Ich duchovia sa spoja s ich duchovnými telami, ktoré vzniknú premenením z ich starých, pochovaných tiel. Za nimi budú nasledovať tí, ktorí prídu k Pánovi, bez toho, aby zomreli, zmenia sa v duchovné telá a budú uchvátení do vzduchu.

Boh usporiada svadobnú hostinu vo vzduchu

Keď sa Pán vráti vo vzduchu, každý, kto bol spasený od začiatku stvorenia sveta, dostane Ježiša za ženícha. V tom okamihu Boh začne sedemročnú svadobnú hostinu pre potešenie Jeho detí, ktoré boli spasené skrze vieru. Neskôr v nebi iste dostanú odmeny za svoje činy, ale teraz Boh ponúka túto hostinu vo vzduchu, aby potešil všetky Jeho deti.

Napríklad, ak sa generál vracia po veľkom víťazstve, čo urobí kráľ? Za vynikajúce služby ho odmení mnohými odmenami. Kráľ mu môže dať dom, pozemok, finančnú odmenu, ale tiež usporiada hostinu ako odmenu za jeho službu.

Z rovnakého dôvodu dáva Boh Jeho deťom príbytok a odmeny v nebi po poslednom súde, ale predtým tiež usporiada svadobnú hostinu, aby sa Jeho deti zabavili a zdieľali svoju radosť. I keď to, čo každý človek urobil pre Božie kráľovstvo na tomto svete, je iné, Boh ponúka hostinu pre každého kvôli skutočnosti, že sú spasení.

Tak potom, kde je „vzduch," v ktorom sa bude konať sedemročná svadobná hostina? „Vzduch" tu neodkazuje na oblohu viditeľnú voľným okom. Ak by bol tento „vzduch" len oblohou, ktorú vidíte na vlastné oči, všetci tí, ktorí budú spasení, museli by mať hostinu plávajúcu po oblohe. A tiež musí byť mnoho ľudí, ktorí boli od začiatku stvorenia spasení, preto by sa všetci nezmestili na oblohu tejto zeme.

Okrem toho hostina bude naplánovaná a pripravená do najmenšieho detailu, pretože sám Boh ju zorganizuje pre potešenie Jeho detí. Je miesto, ktoré Boh pred vekmi pripravil. Toto miesto je „vzduch," ktorý Boh pripravil pre sedemročnú svadobnú hostinu a tento priestor je v druhom nebi.

„Vzduch" patrí do druhého neba

Ef 2, 2 hovorí o čase: *„v ktorých ste kedysi žili podľa ducha* tohoto sveta, podľa kniežaťa vzdušnej mocnosti, ducha, ktorý teraz pôsobí v neposlušných synoch." Teda „vzduch" je tiež miestom, kde majú moc zlí duchovia.

Avšak miesto sedemročnej svadobnej hostiny a miesto, kde existujú zlí duchovia, nie sú rovnaké. Dôvod, prečo je použitý rovnaký výraz „vzduch" je ten, že oba patria do druhého neba. Avšak ani druhé nebo nie je jedno miesto, ale je rozdelené do niekoľkých oblastí. Takže miesto, kde sa bude konať svadobná hostina a miesto, kde existujú zlí duchovia, sú oddelené.

Boh stvoril novú duchovnú ríšu, nazvanú druhé nebo, tým, že použil nejakú časť z celého duchovného sveta. Potom ju rozdelil do dvoch oblastí. Jednou z nich je Eden, čo je oblasť svetla, ktorá patrí Bohu a druhou je oblasť tmy, ktorú Boh dal zlým duchom.

Na východe Edenu Boh stvoril raj Edenu, kde mal zostať Adam až do začiatku kultivácie človeka. Boh vzal Adama a vložil ho do tohto raja. Boh dal oblasť tmy zlým duchom a dovolil im, aby tam prebývali. Táto oblasť tmy a Eden sú striktne oddelené.

Miesto sedemročnej svadobnej hostiny

Tak teda, kde sa bude konať sedemročná svadobná hostina? Raj Edenu je len časť Edenu a v Edene je mnoho ďalších miest. Na jednom z týchto miest Boh stvoril priestor pre sedemročnú svadobnú hostinu.

Miesto, kde sa bude konať sedemročná svadobná hostina, je omnoho krajšie než raj Edenu. Sú tam krásne kvety a stromy. Svetlá mnohých farieb jasne žiaria a celé miesto obklopuje neopísateľne krásna a čistá príroda.

Je tiež veľmi rozsiahle, pretože všetci ľudia, ktorí boli od stvorenia sveta spasení, bude mať hostinu spoločne. Je tam veľký zámok, ktorý je dostatočne veľký pre všetkých pozvaných. Hostina sa bude konať na tomto zámku a bude to nepredstaviteľne šťastná chvíľa. Teraz by som vás chcel pozvať na tento zámok na sedemročnú svadobnú hostinu. Dúfam, že ste šťastní, že môžete byť nevestou Pána, ktorý je čestným hosťom na tejto hostine.

Stretnutie s Pánom na čistom a krásnom mieste

Keď prídete do svadobnej siene, kde sa bude konať hostina, nájdete úžasnú miestnosť plnú jasne žiariacich svetiel, ktoré ste nikdy predtým nevideli. Máte pocit, že vaše telo je ľahšie ako perie. Keď mäkko pristanete na zelenej tráve, zrazu sa stane viditeľnou príroda, ktorú na prvý pohľad nevidíte kvôli silným a jasným svetlám. Môžete vidieť nebo a jazero tak číre a čisté, že vás oslepia. Kedykoľvek sa v jazere pohne voda, jazero sa zatrblece ako drahokamy žiarace krásnymi farbami.

Všetky štyri strany sú plné kvetov a zelené lesy obklopujú celú oblasť. Kvety sa vlnia sem a tam, ako keby mávali na vás a môžete cítiť takú silnú, krásnu a sladkú vôňu ako nikdy predtým. Čoskoro vás spevom priletia privítať rôznofarebné vtáky. V jazere, ktoré je neuveriteľne čisté, môžete vidieť až na dno, nádherné ryby vystrčia hlavu a privítajú vás.

Dokonca aj tráva, na ktorej stojíte, je mäkká ako bavlna. Vietor, ktorý vám jemne povieva odevom, vás ľahúčko objíma. V tú chvíľu vás oslepí silné svetlo a uprostred tohto svetla uvidíte stáť jednu osobu.

Pán vás objíme a povie: „Moja nevesta, milujem Ťa"

S jemným úsmevom na tvári a z roztvorenou náručou vás volá, aby ste prišli k Nemu. Keď sa k Nemu približujete, Jeho tvár sa stáva jasne viditeľnou. Aj keď Jeho tvár vidíte po prvýkrát, veľmi dobre viete, kto to je. On je Pán Ježiš, váš ženích, ktorého milujete, a ktorého ste tak dlho túžili stretnúť. V tejto chvíli vám začnú stekať po lícach slzy. Nedokážete ich zastaviť, pretože si spomeniete na časy, keď ste boli kultivovaní na tejto zemi.

Stojíte tvárou v tvár s Pánom, s ktorým ste dokázali zvíťaziť na tomto svete, dokonca aj v tých najťažších chvíľach, v prenasledovaniach a skúškach. Pán k vám príde, objíme vás, posadí si vás do lona a povie vám: „Moja nevesta, čakal som na tento deň. Milujem Ťa."

Keď budete toto počuť, ešte viac sa rozplačete. A Pán jemne zotrie vaše slzy a objíme vás ešte pevnejšie. Keď sa Mu pozriete do očí, cítite Jeho srdce. „Viem o tebe všetko. Viem o všetkých tvojich slzách a bolesti. Tam bude iba šťastie a radosť."

Ako dlho ste túžili po tomto okamihu? Keď ste v Jeho náručí, ste v úplnom pokoji a radosť a plnosť naplní celé vaše telo.

Teraz môžete počuť mäkký, hlboký a krásny zvuk chvál. Potom vás Pán chytí za ruku a povedie na miesto, odkiaľ tieto chvály prichádzajú.

Svadobná sieň plná farebných svetiel

O niečo neskôr uvidíte nádherne žiariaci, veľkolepý a krásny zámok. Keď stojíte pred bránou zámku, pomaly sa otvorí a osvietia vás jasné svetlá zámku. Keď idete do zámku s Pánom, je to ako keby ste boli svetlom ťahaní dovnútra. Je tam taká veľká sieň, že nedovidíte na jej druhý koniec. Sieň je vyzdobená krásnymi ornamentami a objektami a je plná farebných a jasných svetiel. Zvuk chvál sa stáva jasnejším a ľahúčko sa rozlieha po celej sieni. Nakoniec Pán zvučným hlasom oznámi začiatok svadobnej hostiny. Sedemročná svadobná hostina sa začne a vy budete mať pocit, že snívate. Cítite šťastie tohto okamihu? Samozrejme, že nie každý, kto je na hostine, môže byť takto s Pánom. Iba tí, ktorí sú kvalifikovaní, môžu Ho nasledovať a byť Ním prijatí. Preto by ste mali pripraviť sami seba ako nevestu a podieľať sa na Božskej prirodzenosti. Ale aj keď všetci ľudia nemôžu držať Pána za ruku, cítia rovnaké šťastie a plnosť.

Oslavovať šťastné chvíle spevom a tancom

Akonáhle sa začne svadobná hostina, budete spievať a tancovať s Pánom a oslavovať meno Boha Otca. Keď tancujete s Pánom, rozprávate sa o časoch na tejto zemi alebo o nebi, v ktorom budete bývať. Môžete sa tiež rozprávať o láske Boha Otca a oslavovať Ho. Môžete viesť úžasné rozhovory s ľuďmi, s ktorými ste sa už dlhú dobu túžili stretnúť. Zatiaľ čo si vychutnávate ovocie, ktoré sa roztápa vo vašich ústach a pijete vodu života vytekajúcu z Božieho trónu, hostina krásne pokračuje. Nemusíte však na zámku zostať celých sedem rokov. Z času na čas môžete vyjsť zo zámku a tráviť radostné chvíle vonku.

Čo sú to za šťastné aktivity a podujatia, ktoré na vás čakajú vonku pri zámku? Môžete si vychutnať krásnu prírodu vytvárajúc priateľstvo s lesmi, stromami, kvetmi a vtákmi. Môžete sa prechádzať s vašimi milovanými po cestách ozdobenými krásnymi kvetmi, rozprávať sa s nimi alebo chváliť Pána spevom a tancom. Na veľkých otvorených priestranstvách je mnoho vecí, z ktorých sa môžete tešiť. Napríklad, ľudia sa s milovanými alebo s Pánom môžu plaviť na lodičkách po jazere. Môžete plávať alebo sa zabávať rôznymi druhmi hier. Mnoho vecí, ktoré vám poskytujú nepredstaviteľné radosti a potešenia, sú do detailov stvorené Božou starostlivosťou a láskou.

Počas sedemročnej svadobnej hostiny svetlá nie sú nikdy vypnuté. Samozrejme, Eden je oblasť svetla a nie je tam žiadna noc. V Edene nemusíte ísť spať a oddýchnuť si ako na tejto zemi. Bez ohľadu na to, ako dlho sa zabávate, nikdy nie ste unavení, ale stále ste natešení a šťastní.

To je dôvod, prečo necítite plynutie času, a tých sedem rokov prejde ako sedem dní alebo dokonca sedem hodín. Aj keď vaši rodičia, deti alebo súrodenci neboli spasení a trpia vo veľkom súžení, čas plný radosti a šťastia beží tak rýchlo, že na nich ani nepomyslíte.

Vzdávať väčšiu vďaku za spasenie

Ľudia z raja Edenu a hostia na svadobnej hostine sa môžu navzájom vidieť, ale nemôžu prichádzať a odchádzať. Aj zlí duchovia môžu vidieť svadobnú hostinu a aj vy ich môžete vidieť. Samozrejme, že zlí duchovia sa k svadobnej hostine nesmú priblížiť, ale vy ich môžete vidieť. Vidiac hostinu a šťastných hostí, zlí duchovia trpia veľkou bolesťou. Nebyť schopní priviesť ďalšiu osobu do pekla a prenechať ľudí Bohu ako Jeho deti, je pre nich neznesiteľnou bolesťou.

Pri pohľade na zlých duchov si spomeniete, ako veľmi sa snažili vás zožrať ako revúci lev, keď ste boli kultivovaní na tejto zemi. Potom ste ešte vďačnejší za milosť Boha Otca, Pána a Ducha Svätého, ktorý vás ochránil od moci tmy a viedol vás, aby ste sa stali Božími deťmi. Tiež vzdávate väčšiu vďaku ľuďom, ktorí vám pomohli kráčať cestou života.

Takže sedemročná svadobná hostina nie je len čas na odpočinok a útechu od bolesti spôsobenej kultiváciou na tejto zemi, ale je to aj čas na uvedomenie si nášho života na tejto zemi a byť o to vďačnejší za Božiu lásku.

Tiež premýšľajte nad večným životom v nebi, ktorý bude ešte príjemnejší než sedemročná svadobná hostina. Šťastie v nebi nemôže byť porovnávané so šťastím sedemročnej svadobnej hostiny.

Sedemročné veľké súženie

Zatiaľ čo sa radostná svadobná hostina koná vo vzduchu, sedemročné veľké súženie bude na tejto zemi. Kvôli druhu a veľkosti veľkého súženia, ktoré nikdy nebolo a nikdy nebude, bude veľká časť Zeme zničená a väčšina ľudí, ktorí budú ešte nažive, zomrú.

Samozrejme, že niektorí z nich budú spasení, a to sa nazýva „paberkované spasenie." Existuje mnoho tých, ktorí zostanú na zemi po druhom príchode Pána, pretože vôbec neverili alebo neverili dostatočne. Ale ak počas sedemročného veľkého súženia budú konať pokánie a stanú sa mučeníkmi, môžu byť spasení. Toto sa nazýva „paberkované spasenie."

Ale stať sa mučeníkom počas sedemročného veľkého súženia nie je jednoduché. Dokonca, aj keď sa na začiatku rozhodnú stať mučeníkmi, väčšina z nich skončí zapieraním Pána v dôsledku krutého mučenia a prenasledovania antikristom, ktorý ich bude nútiť prijať znamenie „666."

Zvyčajne budú silne odmietať prijať toto znamenie, pretože vedia, že keď ho prijmu, budú patriť Satanovi. Ale vôbec nie je jednoduché znášať mučenie sprevádzané extrémnou bolesťou.

Niekedy, aj keď človek prekoná vlastné mučenie, je oveľa ťažšie vidieť mučenie milovaných členov jeho rodiny. To je dôvod, prečo je veľmi ťažké byť spasený týmto „paberkovaným spasením." Navyše, pretože počas tejto doby ľudia nemôžu dostať pomoc od Ducha Svätého, je oveľa ťažšie udržať si vieru.

Preto dúfam, že nikto z čitateľov nebude čeliť sedemročnému veľkému súženiu. Dôvodom, prečo som vám opisoval sedemročné veľké súženie, je to, aby ste vedeli, že udalosti zaznamenané v Biblii o konci vekov, sú a budú presne vyplnené.

Ďalší dôvod je, aby o tom vedeli tí, ktorí zostanú na zemi po tom, čo budú Božie deti uchvátené do vzduchu. Zatiaľ čo skutoční veriaci budú uchvátení do vzduchu a budú sa radovať na sedemročnej svadobnej hostine, na tejto zemi bude ukrutné sedemročné veľké súženie.

Mučeníci získajú „paberkované spasenie"

Po návrate Pána vo vzduchu medzi ľuďmi, ktorí nebudú uchvátení do vzduchu, budú ľudia, ktorí oľutujú nedostatočnú vieru v Ježiša Krista.

To, čo ich povedie k "paberkovanému spaseniu", je Božie Slovo hlásané cirkvou, ktoré zjaví úžasnú moc Božieho diela na konci vekov. Zistia, ako môžu byť spasení, aké udalosti sa budú diať a ako by mali reagovať na svetové udalosti prorokované skrze Božie Slovo.

Takže tam budú ľudia, ktorí budú skutočne pred Bohom konať pokánie a budú spasení tým, že sa stanú mučeníkmi. Je to tzv. „paberkované spasenie." Samozrejme, že medzi takými ľuďmi sú aj Izraeliti. Dozvedia sa o „posolstve kríža" a uvedomia si, že Ježiš, ktorého oni nespoznali ako Mesiáša, je skutočne Božím Synom a Spasiteľom celého ľudstva. Potom budú činiť pokánie a stanú sa súčasťou „paberkovaného spasenia." Zhromaždia sa, aby ich viera spoločne rástla a niektorí z nich pochopia Božie srdce a stanú sa mučeníkmi, aby boli spasení.

A preto spisy, ktoré vysvetľujú Božie Slovo, nie sú užitočné len na zväčšenie viery mnohých veriacich, ale tiež hrajú veľmi dôležitú úlohu pre tých, ktorí nebudú uchvátení do vzduchu. Preto by ste si mali uvedomiť úžasnú lásku a milosrdenstvo Boha, ktorý poskytuje všetko aj tým, ktorí budú spasení až po druhom príchode Pána vo vzduchu.

2. Tisícročie

Nevesty, ktoré ukončili sedemročnú svadobnú hostinu, prídu na túto zem a budú s Pánom vládnuť tisíc rokov (Zj 20, 4). Keď sa Pán vráti na zem, vyčistí ju. Najprv očistí vzduch a potom urobí celú prírodu krásnou.

Návšteva očistenej Zeme

Rovnako ako novomanželský pár ide na svadobnú cestu, aj vy pôjdete na výlet s Pánom, vaším ženíchom, v priebehu tisícročia po sedemročnej svadobnej hostine. Čo teda budete chcieť navštíviť najviac?

Božie deti, nevesty Pána, budú chcieť navštíviť túto zem, pretože už čoskoro budú musieť odísť. Po skončení tisícročia Boh presunie všetko z prvého neba, ako je Zem, na ktorej sa konala kultivácia človeka, Slnko a Mesiac, na iné miesto.

Preto po sedemročnej svadobnej hostine Boh Otec krásne obnoví zem a nechá vás tam tisíc rokov vládnuť s Pánom predtým, ako ju presunie na iné miesto. Ide o vopred naplánovaný proces Božej prozreteľnosti, v ktorej stvoril všetko na nebi i na zemi za šesť dní a siedmy deň odpočíval. Je to aj preto, aby vám nebolo ľúto, že musíte opustiť túto zem, a preto vám umožní vládnuť tu tisíc rokov spolu s Pánom. Zažijete nádherné chvíle počas tisícročnej vlády s Pánom na tejto krásne obnovenej zemi. Navštívite všetky miesta, ktoré ste nestihli, keď ste žili na tejto zemi, budete cítiť šťastie a radosť ako nikdy predtým.

Tisícročná vláda

Počas tejto doby tu nebude nepriateľ Satan a diabol. Rovnako ako život v raji Edenu, aj tu bude len pokoj a odpočinok v pohodlnom prostredí. Aj tí, ktorí budú spasení a budú s Pánom vládnuť na tejto zemi, nebudú žiť spolu s telesnými ľuďmi, ktorí prežili veľké súženie. Spasení ľudia a Pán budú žiť v oddelenom mieste, niečo ako kráľovský palác alebo hrad. Inými slovami, duchovní ľudia budú žiť vo vnútri hradu, a tí telesní niekde vonku, pretože duchovné a telesné telá nemôžu byť spolu na jednom mieste.

Duchovní ľudia sa už zmenili v duchovné telá a majú večný život. A teda ich potravou môže byť vôňa, ako napríklad, vôňa kvetov. No niekedy, keď sú s telesnými ľuďmi, môžu jesť spolu. Ale aj keď jedia, nedochádza k vylučovaniu ako u telesných ľudí. Dokonca, aj keď jedia hmotné jedlo, rozpustia ho do vzduchu svojím dychom.

Telesní ľudia sa sústredia na zvýšenie ich počtu, pretože nebude veľa tých, ktorí prežijú sedemročné veľké súženie. Vtedy tam už nebudú choroby ani zlo, pretože vzduch bude čistý a nepriateľ Satan a diabol tam nebude. Pretože nepriateľ Satan a diabol, ktorý riadi zlo, bude uväznený v priepasti, peklo, nespravodlivosť a zlo v ľudskej prirodzenosti nemôžu pôsobiť (Zjv 20, 3). A taktiež, pretože nebude smrti, zem sa znova naplní mnohými ľuďmi.

Čo budú teda telesní ľudia jesť? Keď Adam a Eva žili v raji Edenu, jedli len ovocie a semienka rastlín (Gn 1, 29). Potom, čo Adam a Eva neposlúchli Boha a boli vyhnaní z raja Edenu, jedli poľné byliny (Gn 3, 18). Po potope sa svet stal ešte horším a Boh dovolil ľuďom jesť mäso. Vidíte, že čím horším sa svet stal, tým horším sa stalo jedlo, ktoré ľudia jedli.

V priebehu tisícročia budú ľudia jesť poľné plodiny alebo ovocie zo stromov. Nebudú jesť mäso, rovnako ako ho nejedli ani ľudia pred potopou, pretože tam nebude žiadne zlo ani zabíjanie. A keďže všetky civilizácie budú zničené vojnami počas veľkého súženia, vrátia sa k primitívnemu spôsobu života a zvýšia svoj počet na zemi, ktorú Pán obnovil. Začnú odznova v panenskej prírode, ktorá bude čistá, pokojná a krásna.

A aj keď zažili rozvinutú civilizáciu pred veľkým súžením a mali vedomosti, dnešnú modernú civilizáciu nemožno dosiahnuť v priebehu sto alebo dvesto rokov. Ale postupom času ľudia nadobudnú múdrosť a na konci tisícročia môžu byť schopní dosiahnuť civilizáciu na dnešnej úrovni.

3. Nebo odmeňované po súdnom dni

Po skončení tisícročia Boh na krátku dobu uvoľní nepriateľa Satana a diabla, ktorý bol uväznený v priepasti, v bezodnej diere (Zjv 20, 1-3). Aj keď sám Pán vládne na tejto zemi, aby viedol telesných ľudí a ich potomkov, ktorí prežili veľké súženie, k večnej spáse, ich viera nie je skutočná. A preto Boh dovolí nepriateľovi Satanovi a diablovi, aby ich pokúšal.

Mnoho telesných ľudí bude nepriateľom diablom oklamaných a pôjdu cestou smrti (Zjv 20, 8). Takže Boží ľud si opäť uvedomí dôvod, prečo Boh musel urobiť peklo a veľkú lásku Boha, ktorý chce získať pravé deti skrze kultiváciu ľudí.

Zlí duchovia, ktorí sú na krátku dobu uvoľnení, budú opäť zavretí do priepasti a bude sa konať rozsudok veľkého bieleho trónu (Zjv 20, 12). Ako teda bude prebiehať veľký rozsudok biele trónu?

Boh predsedá rozsudku veľkého bieleho trónu

Keď som sa v júli 1982 modlil za otvorenie kostola,

podrobne som sa dozvedel o rozsudku veľkého bieleho trónu. Boh mi zjavil scénu, v ktorej Boh súdil každého človeka. Pred trónom Boha Otca stál Pán a Mojžiš a okolo trónu boli ľudia v úlohe poroty. Na rozdiel od sudcov tohto sveta, Boh je dokonalý a nerobí chyby. Ale On súdi spolu s Pánom, ktorý slúži ako obhajca lásky, Mojžišom ako prokurátorom práva a ostatnými ľuďmi v úlohe porotcov. Zjv 20, 11-15 opisuje ako presne bude Boh súdiť.

Potom som videl veľký biely trón a toho, čo na ňom sedel. Pred jeho pohľadom utiekla zem i nebo a už pre ne nebolo miesta. Videl som mŕtvych, veľkých i malých; stáli pred trónom a otvorili sa knihy. Otvorila sa aj iná kniha, kniha života. A mŕtvi boli súdení z toho; čo bolo zapísané v knihách podľa ich skutkov. More vydalo mŕtvych, čo boli v ňom, aj smrť aj podsvetie vydali mŕtvych, čo boli v nich, a každý bol súdený podľa svojich skutkov. Potom boli smrť a podsvetie zvrhnuté do ohnivého jazera. Toto je druhá smrť: ohnivé jazero. A koho nenašli zapísaného v knihe života, bol zvrhnutý do ohnivého jazera.

„Veľký biely trón" tu odkazuje na trón Boha, ktorý je sudcom. Boh sedí na tróne, ktorý je taký jasný, že vyzerá ako „biely," vykoná konečný rozsudok s láskou a spravodlivosťou, aby do pekla poslal plevy, nie pšenicu.

To je dôvod, prečo sa to niekedy nazýva veľký rozsudok bieleho trónu. Boh bude súdiť presne podľa "knihy života", ktorá zaznamenáva mená tých, ktorí sú spasení, a podľa ďalších kníh, ktoré zaznamenávajú skutky každého človeka.

Nespasení ľudia pôjdu do pekla

Pred Božím trónom je nielen kniha života, ale aj iné knihy, ktoré zaznamenávajú všetky skutky každého človeka, ktorý neprijal Pána, alebo ktorý nemá pravú vieru (Zjv 20, 12).

Od chvíle, keď sa ľudia narodia, až do okamihu, keď Pán povolá ich ducha, je každý ich skutok zaznamenaný v týchto knihách. Napríklad, konanie dobrých skutkov, nadávať na niekoho, biť niekoho alebo hnevať sa s ľuďmi, to všetko je zaznamenané rukami anjelov.

Rovnako ako je možné zaznamenať a uchovať niektoré hovory alebo udalosti na dlhú dobu pomocou videa alebo audio nahrávky, anjeli zapisujú a nahrávajú všetky situácie v týchto knihách v nebi na príkaz všemohúceho Boha. Preto sa rozsudok veľkého bieleho trónu bude konať presne bez jedinej chyby. Ako teda prebehne súd?

Nespasení ľudia budú súdení ako prví. Títo ľudia nemôžu prísť pred Boha, aby bol súdení, pretože sú hriešnikmi. Budú súdení v podsvetí, v čakárni na peklo. Aj keď neprídu pred Boha, rozhodnutie sa vykoná rovnako prísne, ako keby sa odohrávalo pred samotným Bohom.

Medzi hriešnikmi bude Boh súdiť ako prvých tých, ktorých hriechy sú najťažšie. Po odsúdení tých, ktorí nie sú spasení, všetci spolu pôjdu buď do ohnivého jazera, alebo do jazera horiacej síry a budú naveky potrestaní.

Spasení ľudia dostanú v nebi odmeny

Po odsúdení tých, ktorí nie sú spasení, bude nasledovať rozsudok o odmenách pre tých, ktorí dosiahli spasenie. Ako je to prisľúbené v Zjv 22, 12: *„Hľa, prídem čoskoro a moja odplata so mnou; odmením každého podľa jeho skutkov."* príbytky a odmeny v nebi budú stanovené podľa zásluh.

Rozsudok o odmenách sa bude konať v pokoji pred Bohom, pretože je to pre Božie deti. Rozsudok o odmenách začne ľuďmi, ktorí získali najväčšie odmeny a tými, ktorí majú najväčší počet odmien a skončí sa ľuďmi s najmenším počtom odmien. A potom Božie deti vstúpia do príslušných miest v nebi.

Noci už nebude a nebudú potrebovať svetlo lampy ani svetlo slnka, lebo im bude žiariť Pán, Boh, a budú kraľovať na veky vekov (Zjv 22, 5).

Napriek mnohým ťažkostiam a utrpeniu na tomto svete, môžete sa radovať, pretože máte nádej na nebo! Tam budete žiť s Bohom navždy len v šťastí a radosti, bez sĺz, smútku, bolesti, choroby alebo smrti.

Sedemročnú svadobnú hostinu a tisícročie, počas ktorého budete vládnuť s Pánom, som opísal len okrajovo. Keďže tieto obdobia sú len šťastnou predohrou k životu v nebi, o koľko šťastnejší a radostnejší bude samotný život v nebi? Preto by ste mali bežať smerom k vášmu príbytku a odmenám, ktoré sú pre vás pripravené v nebi, až do chvíle, kedy si po vás príde Pán.

Prečo sa naši predkovia viery tak veľmi snažili a tak veľa trpeli, aby kráčali po úzkej ceste Pána, namiesto jednoduchej cesty tohto sveta? Postili sa a modlili mnoho nocí, aby sa zbavili hriechov a úplne tým žili, pretože mali nádej na nebo. Pretože verili v Boha, ktorý ich v nebi odmení podľa ich skutkov, snažili sa zo všetkých síl, aby sa stali svätými a boli verní v celom Božom dome.

Preto sa v mene Pánovom modlím, aby ste sa vďaka snahe zo všetkých síl s vrúcnou nádejou na nebo nielen zúčastnili sedemročnej svadobnej hostiny a boli v náručí Pána, ale tiež prebývali v blízkosti Božieho trónu na nebesiach.

Kapitola 4

Tajomstvá neba ukryté od začiatku vekov

1. Tajomstvá neba odhaľované od príchodu Ježiša
2. Tajomstvá neba odhalené na konci vekov
3. V dome môjho Otca je mnoho príbytkov

On im odpovedal:
„Preto, že vám je dané poznať
tajomstvá nebeského kráľovstva,
ale im nie je dané.
Lebo kto má, tomu sa pridá
a bude mať hojne.
Ale kto nemá,
tomu sa vezme aj to, čo má."

Toto všetko hovoril Ježiš zástupom
v podobenstvách.
Bez podobenstva im nehovoril nič,
aby sa splnilo, čo predpovedal prorok:
„Otvorím svoje ústa v podobenstvách,
vyrozprávam, čo bolo skryté
od stvorenia sveta."

- Mt 13, 11-12, 34-35 -

Jedného dňa, keď Ježiš sedel na brehu mora, zišlo sa okolo Neho mnoho ľudí. Ježiš im povedal mnoho vecí v podobenstvách. Ježišovi učeníci sa Ho vtedy opýtali: „*Prečo im hovoríš v podobenstvách?*" Ježiš im odpovedal:

„*Preto, že vám je dané poznať tajomstvá nebeského kráľovstva, ale im nie je dané. Lebo kto má, tomu sa pridá a bude mať hojne. Ale kto nemá, tomu sa vezme aj to, čo má. Im hovorím v podobenstvách, lebo hľadia, a nevidia, počúvajú, a nepočujú, ani nechápu. Tak sa na nich spĺňa Izaiášovo proroctvo: „Budete počúvať; a nepochopíte, budete hľadieť; a neuvidíte. Lebo otupelo srdce tohoto ľudu: ušami ťažko počujú a oči si zavreli, aby očami nevideli a ušami nepočuli, aby srdcom nechápali a neobrátili sa – aby som ich nemohol uzdraviť."* Ale blahoslavené sú vaše oči, že vidia, aj vaše uši, že počujú. Veru, hovorím vám: Mnohí proroci a spravodliví túžili vidieť, čo vidíte vy, ale nevideli, a počuť, čo vy počúvate, ale nepočuli* " (Mt 13, 11-17).

Rovnako ako povedal Ježiš, mnohí proroci a spravodliví nemohli vidieť alebo počuť tajomstvá nebeského kráľovstva, aj keď si to veľmi želali.

Ale pretože Ježiš, ktorý Je vo svojej podstate Boh, prišiel na túto zem (Flp 2, 6-8), mal dovolené zjaviť tajomstvá neba svojim učeníkom.

Ako je uvedené v Mt 13, 35: *„aby sa splnilo, čo predpovedal prorok: Otvorím svoje ústa v podobenstvách, vyrozprávam, čo bolo skryté od stvorenia sveta."* Ježiš hovoril v podobenstvách, aby sa splnilo to, čo bolo napísané v Písme.

1. Tajomstvá neba odhaľované od príchodu Ježiša

V Mt 13 je veľa podobenstiev o nebi. To je preto, že bez podobenstva nemôžete pochopiť a uvedomiť si tajomstvá neba, aj keď si Bibliu prečítate mnohokrát.

„Nebeské kráľovstvo sa podobá človekovi, ktorý zasial na svojej roli dobré semeno" (v 24).

„Nebeské kráľovstvo sa podobá horčičnému zrnku, ktoré človek vzal a zasial na svojej roli. Ono je síce najmenšie zo všetkých semien, ale keď vyrastie, je väčšie než ostatné byliny a je z neho strom, takže prilietajú nebeské vtáky a hniezdia na jeho konároch" (v 31-32).

„Nebeské kráľovstvo sa podobá kvasu, ktorý žena vezme a vmiesi do troch mier múky, až sa všetko prekvasí" (v 33).

„Nebeské kráľovstvo sa podobá pokladu ukrytému v poli. Keď ho človek nájde, skryje ho a od radosti z

neho ide, predá všetko, čo má, a pole kúpi" (v 44).

"Nebeské kráľovstvo sa podobá aj kupcovi, ktorý hľadá vzácne perly. Keď nájde veľmi cennú perlu, ide, predá všetko, čo má, a kúpi ju" (v 45-46).

"A zasa nebeské kráľovstvo sa podobá sieti, ktorú spustia do mora a ona zachytáva všetky druhy. Keď je plná, vytiahnú ju na breh, posadajú si, dobré vyberú do nádob a zlé vyhodia von" (v 47-48).

Ježiš cez mnohé podobenstvá kázal o nebi, ktoré je v duchovnom svete. Keďže nebo je v neviditeľnej duchovnej oblasti, môžete ho pochopiť len cez podobenstvá.

Aby ste mali večný život v nebi, musíte žiť správny život viery vediac, ako sa dostanete do neba, akí ľudia tam vstúpia a kedy sa to stane.

Čo je hlavným cieľom chodenia do kostola a života vo viere? Je ním byť spasený a ísť do neba. Akí ste úbohí, ak nemôžete ísť do neba, aj keď ste dlhé roky chodili do kostola!

Aj v dobe Ježiša Krista mnoho ľudí poslúchalo zákon a vyznávali vieru v Boha, ale neboli kvalifikovaní, aby boli spasení a išli do neba. V Mt 3, 2 z tohto dôvodu Ján Krstiteľ hovorí: *"Robte pokánie, lebo sa priblížilo nebeské kráľovstvo."* A pripravil cestu Pánovi. A aj v Mt 3, 11-12 povedal ľuďom, že Ježiš je Spasiteľ a Pán veľkého rozsudku: *"Ja vás krstím vodou na pokánie, ale ten, čo príde po mne, je mocnejší, ako som ja. Ja nie som hoden nosiť mu obuv: On vás bude krstiť Duchom Svätým a ohňom. V ruke má vejačku, vyčistí si humno, pšenicu*

si zhromaždí do sýpky, ale plevy spáli v neuhasiteľnom ohni."
Napriek tomu Izraeliti nielen nespoznali, že On je Spasiteľ, ale Ho aj ukrižovali. Aké je to smutné, že ešte aj dnes čakajú na Mesiáša!

Tajomstvá neba zjavené apoštolovi Pavlovi

Aj keď apoštol Pavol nebol jedným z prvých dvanástich Ježišových učeníkov, nezaostával za žiadnym z nich v svedectve o Ježišovi Kristovi. Predtým ako sa Pavol stretol s Pánom, bol farizejom, ktorý sa striktne držal zákona a tradície otcov, a tiež židom s rímskym občianstvom od narodenia, ktorý sa podieľal na prenasledovaní prvých kresťanov.

Avšak, po stretnutí s Pánom na ceste do Damasku, Pavol zmenil svoj názor a viedol veľa ľudí na cestu spásy. Jeho cieľom bola evanjelizácia národov.

Boh vedel, že pri kázaní evanjelia bude Pavol trpieť mnohými bolesťami a prenasledovaním. Preto mu odhalil úžasné tajomstvá neba, aby bežal smerom k cieľu (Flp 3, 12-14). Boh mu umožnil kázať evanjelium s najväčšou radosťou s nádejou na nebo.

Keď čítate Pavlove listy, vidíte, že plný inšpirácie Ducha Svätého písal o návrate Pána, o uchvátení veriacich do vzduchu, o príbytkoch v nebi, o nebeskej sláve, večných odmenách a vencoch, o Melchizedekovi večnom kňazovi a o Ježišovi Kristovi.

V 2 Kor 12, 1-4 Pavol zdieľa svoje duchovné zážitky s cirkvou v Korinte, ktorú založil, a ktorá nežila podľa Božieho Slova.

Musím sa chváliť, hoci to neosoží, ale prejdem

> *k videniam a zjaveniam Pána. Poznám človeka v Kristovi, ktorý bol pred štrnástimi rokmi – neviem, či v tele, či mimo tela, tiež neviem, to vie Boh, – uchvátený až do tretieho neba. A viem, že tento človek – zasa neviem, či v tele, či mimo tela, to vie Boh, – bol uchvátený do raja a počul tajomné slová, ktoré človek nesmie vysloviť.*

Boh si na evanjelizáciu národov vybral apoštola Pavla, okresal ho ohňom a dal mu videnia a zjavenia. Boh ho viedol, aby prekonal všetky ťažkosti s láskou, vierou a nádejou na nebo. Napríklad, Pavol priznal, že bol vedený do raja v treťom nebi a pred štrnástimi rokmi počul o tajomstvách neba, ale boli také úžasné, že človek o nich nesmie hovoriť.

Apoštol je osoba, ktorá je povolaná Bohom a plne sa riadi Jeho vôľou. Ale medzi členmi cirkvi v Korinte boli ľudia, ktorí boli oklamaní falošnými učiteľmi a odsudzovali apoštola Pavla.

V tom okamihu apoštol Pavol vymenoval ťažkosti, ktorými trpel pre Pána a delil sa s duchovnými zážitkami s Korinťanmi, aby ich viedol stať sa krásnou nevestou pre Pána a konať v súlade s Božím Slovom. Toto nebolo preto, aby sa chválil svojimi duchovnými zážitkami, ale aby vybudoval a posilnil Kristovu cirkev tým, že obháji a posilní jeho apoštolát.

Mali by ste si uvedomiť, že videnia a zjavenia môže Pán dať iba tým, ktorí sú v Božích očiach spravodliví. Na rozdiel od členov cirkvi v Korinte, ktorí boli oklamaní falošnými učiteľmi a odsudzovali Pavla, nesmiete súdiť nikoho, kto pracuje na rozšírovaní Božieho kráľovstva, zachraňuje mnoho ľudí a Boh je s ním.

Tajomstvá neba zjavené apoštolovi Jánovi

Apoštol Ján bol jedným z dvanástich učeníkov a Ježiš ho miloval zo všetkých najviac. Sám Ježiš ho nielenže nazval "učeníkom", ale ho aj duchovne vychovával, aby mohol v tesnej blízkosti slúžiť svojmu učiteľovi. Bol veľmi vznetllivý, a preto sa mu kedysi hovorilo "syn hromu", ale po premenení Božou mocou stal sa apoštolom lásky. Ján nasledoval Ježiša hľadajúc slávu v nebi. On bol tiež jediným učeníkom, ktorý počul posledných sedem slov Ježiša na kríži. Bol verný celej apoštolskej povinnosti a v nebi sa stal dôležitým človekom.

V dôsledku krutého prenasledovania kresťanov Rímskou ríšou bol Ján hodený do vriaceho oleja, ale nezomrel, no bol poslaný do vyhnanstva na ostrov Patmos. Tam komunikoval s Bohom do hĺbky a napísal Knihu Zjavení, ktorá je plná tajomstiev neba.

Ján písal o množstve duchovných vecí, ako je trón Boha a Baránka v nebi, vďakyvzdávanie v nebi, štyri živé bytosti okolo Božieho trónu, sedemročné veľké súženie a úloha anjelov, svadobná hostina Baránka a tisícročie, rozsudok veľkého bieleho trónu, peklo, Nový Jeruzalem v nebi a bezodná diera, priepasť.

Toto je dôvod, prečo apoštol Ján v Zjv 1, 1-3 hovorí, že kniha je zaznamenaná skrze zjavenie a videnia Pána, a Ján zapísal všetko, pretože všetko napísané sa čoskoro uskutoční.

Zjavenie Ježiša Krista, ktoré mu dal Boh, aby ukázal svojim služobníkom čo sa má onedlho stať, a po svojom anjelovi ho poslal a naznačil svojmu služobníkovi Jánovi. A tento dosvedčil Božie slovo a svedectvo Ježiša Krista; všetko, čo videl. Blahoslavený, kto číta, aj tí, čo počúvajú slová proroctva a zachovávajú, čo je v ňom napísané, lebo čas je blízko.

Fráza „čas je blízko" znamená, že čas návratu Pána je blízko. Preto je veľmi dôležité byť kvalifikovaní na vstup do neba tým, že budete spasení vierou.

Aj keď budete chodiť do kostola každý týždeň, nebudete spasení, ak nemáte vieru so skutkami. Ježiš vám hovorí: *"Nie každý, kto mi hovorí: "Pane, Pane," vojde do nebeského kráľovstva, ale iba ten, kto plní vôľu môjho Otca, ktorý je na nebesiach"* (Mt 7, 21). Takže ak nebudete konať podľa Božieho Slova, je zrejmé, že sa nemôžete dostať do neba.

Preto apoštol Ján vysvetľuje udalosti a proroctvá, ktoré sa majú stať a čoskoro sa podrobne splnia od Zjv 4 ďalej, a dochádza k záveru, že Pán sa vracia a vy si budete musieť vyprať odev.

Hľa, prídem čoskoro a moja odplata so mnou; odmením každého podľa jeho skutkov. Ja som Alfa a Omega, Prvý a Posledný, Počiatok a Koniec. Blahoslavení sú tí, čo si vypierajú rúcha: budú mať moc nad stromom života a budú môcť vstúpiť bránami mesta (Zjv 22, 12-14).

Duchovne rúcho znamená srdce človeka a jeho skutky. Vypierať rúcho odkazuje na pokánie z hriechov a snažiť sa žiť podľa Božej vôle.

Takže do tej miery, do akej žijete podľa Božieho Slova, prejdete bránami neba, až kým nevojdete do najkrajšieho neba, Nového Jeruzalema.

Preto by ste mali uvedomiť, že čím viac rastie vaša viera, tým lepší príbytok získate v nebi.

2. Tajomstvá neba odhalené na konci vekov

Prostredníctvom Ježišových podobenstiev v Mt 13 sa teraz ponoríme do tajomstiev neba, ktoré sú odhalené a uskutočnia sa na konci vekov.

On oddelí zlých od spravodlivých

V Mt 13, 47-50 Ježiš hovorí, že nebeské kráľovstvo je ako sieť, ktorú spustili do mora a tá zachytila všetky druhy rýb. Čo to znamená?

> *A zasa nebeské kráľovstvo sa podobá sieti, ktorú spustia do mora a ona zachytáva všetky druhy. Keď je plná, vytiahnu ju na breh, posadajú si, dobré vyberú do nádob a zlé vyhodia von. Tak bude aj na konci sveta: vyjdú anjeli, oddelia zlých od spravodlivých a hodia ich do ohnivej pece. Tam bude plač a škrípanie zubami.*

„More" znamená svet, „ryby" sú všetci veriaci a rybár, ktorý spúšťa sieť do mora a loví ryby, je Boh. Čo teda znamená, že Boh spustí sieť, a keď je plná, vytiahne ju na breh, dobré ryby vyberie do košov a zlé vyhodí preč? Znamená to, že na konci vekov prídu anjeli a spravodlivých zoberú do neba a zlých hodia do pekla.

Dnes si mnoho ľudí myslí, že určite pôjdu do nebeského kráľovstva, ak prijmu Ježiša Krista. Ježiš však jasne hovorí: „vyjdú anjeli, oddelia zlých od spravodlivých a hodia ich do ohnivej pece" (Mt 13, 50). „Spravodliví" tu odkazuje na ľudí, ktorí sú nazývaní „spravodliví" tým, že v srdciach uverili v Ježiša Krista a skutkami dokazujú svoju vieru. Ste „spravodliví" nie preto, že poznáte Božie Slovo, ale iba preto, lebo dodržiavate Jeho prikázania a konáte podľa Jeho vôle (Mt 7, 21).

V Biblii je napísané „čo robiť," „čo nerobiť," „čo dodržiavať" a „čoho sa zbaviť." Iba tí, ktorí žijú v súlade s Božím Slovom, sú „spravodliví" a majú živú, duchovnú vieru. Sú ľudia, ktorí sú vraj spravodliví, ale sú buď „spravodliví" v očiach ľudí alebo „spravodliví" v očiach Boha. Preto by ste mali byť schopní rozoznať rozdiel medzi spravodlivosťou ľudí a spravodlivosťou Boha a stať sa spravodlivým človekom v očiach Boha.

Napríklad, ak človek, ktorý sa považuje za spravodlivého, kradne, kto ho uzná za spravodlivého? Ak tí, ktorí si hovoria „Božie deti," pokračujú v páchaní hriechov a nežijú v súlade s Božím Slovom, nemôžu byť nazývaní „spravodliví." Takýto ľudia sú zlí medzi „spravodlivými."

Rôzna sláva nebeských tiel

Ak prijmete Ježiša Krista a žijete iba podľa Božieho Slova, budete žiariť ako slnko v nebi. Apoštol Pavol podrobne píše o tajomstvách neba v 1 Kor 15, 40-41.

A sú telá nebeské a telá pozemské, ale iná je sláva nebeských a iná pozemských. Iný je jas slnka, iný jas mesiaca a iný jas hviezd; veď hviezda sa od hviezdy líši jasom.

Keďže nebo môžete získať iba vierou, je teda rozumné, že nebeská sláva sa bude líšiť v závislosti na miere viery. To je dôvod, prečo sa líši jas slnka, mesiaca a hviezd, dokonca aj jas hviezd medzi sebou.

Pozrime sa na ďalšie tajomstvá neba skrze podobenstvo horčičného zrnka v Mt 13, 31-32.

Predniesol im ešte iné podobenstvo: „Nebeské kráľovstvo sa podobá horčičnému zrnku, ktoré človek vzal a zasial na svojej roli. Ono je síce najmenšie zo všetkých semien, ale keď vyrastie, je väčšie než ostatné byliny a je z neho strom, takže prilietajú nebeské vtáky a hniezdia na jeho konároch."

Horčičné zrnko je také malé ako bodka, ktorú urobíte guľôčkovým perom. Ale aj z tohto malého zrnka vyrastie veľký strom, takže nebeské vtáctvo prichádza a hniezdi v jeho korune. Čo nás chce teda Ježiš naučiť prostredníctvom tohto podobenstva o horčičnom zrnku? Chce nás naučiť, že nebo je možné získať iba vierou, a že existuje rôzna miery viery. Takže aj keď teraz máte „malú" vieru, môžete ju pestovať, aby vyrástla do „veľkej" viery.

Dokonca i viera malá ako horčičné zrnko

Ježiš v Mt 17, 20 hovorí: *"Pre svoju malú vieru. Veru, hovorím vám: Ak budete mať vieru ako horčičné zrnko a poviete tomuto vrchu: "Prejdi odtiaľto ta!" – prejde. A nič vám nebude nemožné."* Ako odpoveď na žiadosť učeníkov: *"Daj nám väčšiu vieru"* Ježiš odpovedal: *"Keby ste mali vieru ako horčičné zrnko a povedali by ste tejto moruši: "Vytrhni sa aj s koreňom a presaď sa do mora," poslúchla by vás"* (Lk 17, 5-6).

Aký je teda duchovný význam týchto veršov? Znamená to, že ak viera, taká malá ako horčičné zrnko, rastie a stáva sa veľkou vierou, nič nie je nemožné. Keď človek prijme Ježiša Krista, dostane vieru takú malú ako horčičné zrnko. Keď to zrnko zasadí vo svojom srdci, vyklíči. Keď vyrastie do veľkej viery, o veľkosti veľkého stromu, kde prichádza mnoho vtákov a hniezdi v jeho korune, človek zažije diela Božej moci, aké vykonával Ježiš – slepí vidia, hluchí počujú, nemí hovoria a mŕtvi sú vzkriesení.

Ak si myslíte, že máte vieru, ale neuskutočňujete diela Božej moci a máte problémy v rodine alebo v práci, je to preto, že vaša viera je taká malá ako horčičné zrnko, z ktorého ešte nevyrástol veľký strom.

Proces rastu duchovnej viery

V 1 Jn 2, 12-14 apoštol Ján stručne vysvetľuje rast duchovnej viery.

"Píšem vám, deti: Pre jeho meno máte odpustené hriechy. Otcovia, vám píšem: Poznali ste toho, ktorý

je od počiatku. Mládenci, vám píšem: Premohli ste Zlého. Napísal som vám, deti: Poznali ste Otca. Napísal som vám, otcovia: Poznali ste toho, ktorý je od počiatku. Napísal som vám, mládenci: Ste silní, Božie slovo ostáva vo vás a premohli ste Zlého."

Musíte si uvedomiť, že rast viery je proces. Musíte rozvíjať vašu vieru a dosiahnuť vieru otcov, v ktorej môžete spoznať Boha, ktorý tu bol už pred začiatkom vekov. Nemali by ste byť spokojní s úrovňou viery detí, ktorých hriechy sú odpustené prostredníctvom Ježiša Krista.

Ježiš v Mt 13, 33 hovorí: *„Nebeské kráľovstvo sa podobá kvasu, ktorý žena vezme a vmiesi do troch mier múky, až sa všetko prekvasí."*

Preto by ste si mali uvedomiť, že zväčšiť vieru, ktorá je taká malá ako horčičné zrnko, je možné vykonať tak rýchlo ako kvas, ktorý pracuje skrz celým cestom. Ako je napísané v 1 Kor 12, 9, viera je duchovný dar, ktoré dostávame od Boha.

Kúpiť nebo za všetko, čo máte

Musíte vynaložiť skutočné úsilie, aby ste dosiahli nebo, pretože nebo môžete získať iba vierou a rast viery je proces. Aj na tomto svete sa musíte veľmi snažiť, aby ste získali bohatstvo a slávu, nehovoriac o zarábaní peňazí dostatočných na kúpu, napríklad, domu. Tak veľmi sa snažíte kúpiť a udržať si všetky tieto veci, aj keď žiadnu z nich nemôžete mať navždy. O čo viac by ste sa mali snažiť získať slávu a príbytok v nebi, ktoré budete vlastniť navždy?

Ježiš v Mt 13, 44 hovorí: *„Nebeské kráľovstvo sa podobá pokladu ukrytému v poli. Keď ho človek nájde, skryje ho a od radosti z neho ide, predá všetko, čo má, a pole kúpi."* A ďalej pokračuje v Mt 13, 45-46: *„Nebeské kráľovstvo sa podobá aj kupcovi, ktorý hľadá vzácne perly. Keď nájde veľmi cennú perlu, ide, predá všetko, čo má, a kúpi ju."*

Takže, aké sú tajomstvá neba odhalené skrze podobenstvo o poklade ukrytom v poli a o vzácnej perle? Ježiš zvyčajne hovoril podobenstvá s predmetmi, ktoré bolo možné ľahko nájsť v každodennom živote. Teraz sa pozrieme na podobenstvo o „poklade ukrytom v poli."

Bol raz chudobný farmár, ktorý si na živobytie zarábal dennou mzdou. Jedného dňa išiel pracovať na žiadosť svojho suseda. Farmárovi bolo povedané, že pôda je neúrodná, pretože už dlhší čas nebola používaná, ale jeho sused tam chcel vysadiť ovocné stromy, aby ju využil. Farmár súhlasil, že mu pomôže. Keď tam jeden deň kopal, na konci lopaty zacítil niečo veľmi tvrdé. Pokračoval v kopaní a našiel tak v pôde poklad. Keď farmár objavil poklad, začal premýšľať, akým spôsobom by tento poklad mohol získať. Rozhodol sa, že toto pole kúpi, a pretože pole bolo neúrodné a takmer zbytočné, farmár si myslel, že vlastník pozemku ho predá bez väčších ťažkostí.

Farmár sa vrátil do svojho domu a predal celý svoj majetok. Ale neľutoval predať všetko, čo vlastnil, pretože našiel poklad, ktorý bol vzácnejší než všetko, čo mal.

Podobenstvo o poklade ukrytom v poli

Čo si teda musíte uvedomiť cez podobenstvo o poklade

ukrytom v poli? Dúfam, že pochopíte tajomstvo neba, keď sa pozrieme na duchovný význam podobenstva o poklade ukrytom v poli v štyroch aspektoch.

Po prvé, ‚pole' je vaše srdce a ‚poklad' znamená nebo. To znamená, že nebo, rovnako ako poklad, je ukryté vo vašom srdci.

Boh stvoril človeka a dal mu ducha, dušu a telo. Duch je pánom človeka a môže komunikovať s Bohom. Duša má poslúchať príkazy ducha a telo je príbytok pre ducha a dušu. Preto bol kedysi človek živým duchom, ako je napísané v Gn 2, 7.

Od doby, keď sa prvý človek Adam dopustil hriechu neposlušnosti, duch – pán človeka – zomrel a duša začala hrať úlohu pána. Ľudia potom začali páchať viac hriechov a museli ísť cestou smrti, pretože už nemohli komunikovať s Bohom. Stali sa ľuďmi duše, ktorá je riadená nepriateľom Satanom a diablom.

Preto Boh lásky poslal svojho jediného Syna Ježiša na tento svet, nechal Ho ukrižovať a preliať Jeho krv ako zmiernu obetu na vykúpenie ľudstva z hriechov. A vďaka tomuto sa nám otvorila cesta spásy, aby sme sa stali deťmi svätého Boha a mohli s Ním znova komunikovať.

Preto ten, kto prijme Ježiša Krista za svojho osobného Spasiteľa, dostane dar Ducha Svätého a jeho duch ožije. Tiež dostane právo stať sa Božím dieťaťom a radosť naplní jeho srdce.

To znamená, že duch bude znova komunikovať s Bohom a bude ovládať dušu a telo ako pán ľudskej bytosti. To tiež znamená, že sa začal báť Boha, počúvať Jeho slovo a plniť Bohom dané povinnosti.

A preto je oživenie ducha rovnaké, ako nájsť poklad ukrytý v poli. Nebo je ako poklad ukrytý v poli, pretože nebo je teraz vo vašom srdci.

Po druhé, ‚človek nájde poklad ukrytý v poli a je radostný' znamená, že keď niekto prijme Ježiša Krista a dostane dar Ducha Svätého, mŕtvy duch ožije a on si uvedomí, že v srdci má nebo a raduje sa.

Ježiš v Mt 11, 12 hovorí: *„Od dní Jána Krstiteľa podnes trpí nebeské kráľovstvo násilie a násilníci sa ho zmocňujú."* Apoštol Ján tiež píše v Zjv 22, 14: *„Blahoslavení sú tí, čo si vypierajú rúcha: budú mať moc nad stromom života a budú môcť vstúpiť bránami mesta."*

Čo sa môžete dozvedieť prostredníctvom tohto je, že nie každý, kto prijal Ježiša Krista, vstúpi v nebeskom kráľovstve do rovnakého príbytku. Do akej miery sa podobáte Pánovi a stanete sa dokonalým, o to krajší príbytok v nebi dostanete.

Preto tí, ktorí milujú Boha a dúfajú v nebo, budú konať v súlade s Božím Slovom a vo všetkom sa budú podobať Pánovi tým, že sa zbavia všetkej svojej zloby.

Nebeské kráľovstvo získate, ak svoje srdce naplníte nebom a bude tam len dobro a pravda. Keď si uvedomíte, že vo vašom srdci máte nebo, budete radostní aj na tejto zemi.

Toto je druh radosti, ktorú okúsite, keď sa prvýkrát stretnete s Ježišom Kristom. Aký bude radostný ten, kto kráčal cestou smrti, ale skrze Ježiša Krista získal skutočný život a večné nebo! Tiež bude vďačný, pretože môže veriť v nebeské kráľovstvo v jeho srdci. Týmto spôsobom radosť človeka, ktorý sa raduje, pretože našiel poklad ukrytý v poli, znamená radosť z prijatia Ježiša Krista a z nebeského kráľovstva v srdci.

Po tretie, ‚ukryť poklad znova po objavení' znamená, že mŕtvy duch človeka ožil a chce žiť podľa Božej vôle, ale nemôže toto odhodlanie uskutočniť, pretože nedostal silu žiť podľa Božieho Slova.

Farmár nemohol ihneď vykopať poklad, akonáhle ho našiel. Najprv musel predať svoj majetok a kúpiť pole. Viete, že je nebo a peklo, a ako sa môžete dostať do neba, keď prijmete Ježiša Krista, ale nemôžete to vykonať hneď, keď začnete počúvať Božie Slovo.

Pretože predtým, ako ste prijali Ježiša Krista, žili ste život nesprávnym spôsobom, ktorý bol v rozpore s Božím Slovom, ešte stále zostáva vo vašom srdci veľa neprávosti. Avšak, ak zo srdca nezavrhnete všetko nepravdivé a zároveň vyznávate vieru v Boha, Satan vás bude aj naďalej viesť do tmy, takže nebudete môcť žiť podľa Božieho Slova. Rovnako ako farmár, ktorý kúpil pole, keď všetko predal, vo svojom srdci môžete získať poklad len vtedy, keď sa pokúsite odhodiť nepravdivú myseľ a mať pravdivé srdci, aké chce Boh.

Takže musíte nasledovať pravdu, ktorou je Božie Slovo, a to závislosťou na Bohu a vrúcnou modlitbou. Až potom sa zbavíte nepravdy a dostanete silu konať a žiť podľa Božieho Slova. Mali by ste mať na pamäti, že nebo je len pre tento druh ľudí.

Po štvrté, ‚predá všetko, čo má' znamená, že na to, aby

mŕtvy duch ožil a stal sa pánom človeka, musíte zničiť všetky nepravdy, ktoré patria k duši.

Keď mŕtvy duch ožije, uvedomíte si, že existuje nebo. Nebo by ste mali získať vierou sprevádzanou skutkami a tým, že zničíte všetky nepravdivé myšlienky, ktoré patria duši a sú ovládané Satanom. Ide o rovnaký princíp, ako keď mláďa musí rozbiť škrupinu, aby sa dostalo na svet.

Preto musíte odhodiť všetky skutky a túžby tela, ak chcete úplne vlastniť nebo. Okrem toho, mali by ste sa stať človekom celého ducha, ktorý sa úplne podobá božskej prirodzenosti Pána (1 Tes 5, 23).

Skutky tela sú stelesnením zla v srdci, ktoré sa skutkom stane realitou. Túžby tela sa vzťahujú na všetky povahy hriechu v srdci, ktoré sa môžu kedykoľvek prejaviť v skutku, aj keď sa to zatiaľ nestalo. Napríklad, ak máte vo svojom srdci nenávisť, to je túžba tela, a ak táto nenávisť vyústi do úderu inej osoby, je to skutok tela.

Gal 5, 19-21 striktne hovorí: *„A skutky tela sú zjavné: je to smilstvo, nečistota chlipnosť, modloslužba, čary, nepriateľstvá, sváry, žiarlivosť, hnevy, zvady, rozbroje, rozkoly závisť, opilstvo, hýrenie a im podobné. O tomto vám vopred hovorím, ako som už povedal, že tí, čo robia takéto veci, nedosiahnu Božie kráľovstvo."*

Aj Rim 13, 13-14 nám hovorí: *„Žime počestne ako vo dne; nie v hýrení a opilstve, nie v smilstve a necudnosti, nie v svároch a žiarlivosti, ale oblečte si Pána Ježiša Krista; a o telo sa nestarajte podľa jeho žiadostí."* A Rim 8, 5 hovorí: *„Lebo tí, čo žijú podľa tela, zmýšľajú telesne, ale tí, čo žijú podľa*

Ducha, zmýšľajú duchovne." Preto predať všetko, čo máte, znamená zničiť vo vašej duši všetky nepravdivé myšlienky proti Božej vôli a zbaviť sa skutkov a túžob tela, ktoré nie sú správne podľa Božieho Slova a nadovšetko milovať Boha.

Ak týmto spôsobom vytrváte v zbavovaní sa hriechov a zloby, váš duch ožíva stále viac a viac a môžete žiť podľa Božieho Slova nasledujúc túžby Ducha Svätého. Nakoniec sa stanete duchovným človekom a budete schopní dosiahnuť božskú prirodzenosť Pána (Flp 2, 5-8).

Nebo získané do takej miery, do akej je dosiahnuté v srdci

Človek, ktorý získa nebo vierou, je ten, kto predá všetko, čo má tým, že sa zbaví všetkého zla a vo svojom srdci dosiahne nebo. Nakoniec, keď sa Pán vráti, nebo, ktoré bolo ako tieň, stáva sa realitou a on získa večné nebo. Ten, kto dosiahol nebo, je najbohatším človekom, aj keď sa zbavil všetkého, čo na tomto svete mal. Avšak ten, kto nedosiahol nebo, je najchudobnejším človekom, ktorý v skutočnosti nemá nič, aj keď má na tomto svete všetko. To je preto, lebo všetko, čo potrebujete, je v Ježišovi Kristovi a všetko mimo Ježiša Krista je bezcenné, pretože po smrti vás čaká len večný rozsudok.

To je dôvod, prečo Matúš nasledoval Ježiša a vzdal sa svojho povolania. To je dôvod, prečo Peter šiel za Ježišom a vzdal sa lode a siete. Dokonca i apoštol Pavol po prijatí Ježiša Krista považoval všetko, čo mal za bezcenné. Dôvodom, prečo to všetci títo apoštoli dokázali urobiť, je to, že chceli nájsť poklad, ktorý bol

cennejší než čokoľvek na tomto svete a chceli ho vykopať.
Rovnakým spôsobom musíte skutkami dokázať vieru. A to počúvaním pravého slova a zbavením sa všetkých neprávd, ktoré sú proti Bohu. Musíte v srdci dosiahnuť nebeské kráľovstvo zbavením sa všetkých neprávd, ako je tvrdohlavosť, pýcha a nadutosť, ktoré ste doteraz vo svojom srdci považovali za poklad.

Preto by ste nemali zhromažďovať veci na tomto svete, ale predať všetko, čo máte, aby ste v srdci dosiahli nebo a stali sa dedičmi večného nebeského kráľovstva.

3. V dome môjho Otca je mnoho príbytkov

V Jn 14, 1-3 môžete vidieť, že v nebi je veľa príbytkov a Ježiš Kristus odišiel, aby vám pripravil miesto v nebi.

Nech sa vám srdce nevzrušuje! Veríte v Boha, verte aj vo mňa. V dome môjho Otca je mnoho príbytkov. Keby to tak nebolo bol by som vám povedal, že vám idem pripraviť miesto?! Keď odídem a pripravím vám miesto, zasa prídem a vezmem vás k sebe, aby ste aj vy boli tam, kde som ja.

Pán odišiel, aby vám pripravil nebeský príbytok

Ježiš povedal svojim učeníkom o udalostiach, ktoré sa stanú tesne predtým, než bude zajatý, aby bol ukrižovaný. Pri pohľade na učeníkov, ktorí sa obávali, keď počuli o zrade Judáša Iškariotského, Petrovom zapretí a Ježišovej smrti, Ježiš ich potešil tým, že im rozprával o nebeských príbytkoch.

Preto povedal: „V dome môjho Otca je mnoho príbytkov. Keby to tak nebolo bol by som vám povedal, že vám idem pripraviť miesto?!" Ježiš bol ukrižovaný a skutočne po troch dňoch vstal z mŕtvych, a tak zlomil moc smrti. Potom po štyridsiatich dňoch pred očami mnohých ľudí vystúpil na nebesia, aby vám pripravil nebeský príbytok.

Čo teda znamená *„idem vám pripraviť miesto?"* Ako je uvedené v 1 Jn 2, 2: *„[Ježiš] On je zmiernou obetou za naše hriechy; a nielen za naše, ale aj za hriechy celého sveta"* to znamená, že Ježiš zlomil múr hriechov medzi ľuďmi a Bohom, takže každý môže dosiahnuť nebo skrze vieru.

Bez Ježiša Krista by múr hriechov medzi Bohom a vami nebol nikdy zničený. Keď človek spáchal hriechy v Starom zákone, na odpustenie hriechov ponúkol zvieraciu obetu. Ježiš však umožnil, aby boli vaše hriechy odpustené a stali ste sa svätými tým, že ponúkol Sám seba ako jednorázovú obetu (Hebr 10, 12-14).

Len skrze Ježiša Krista je múr hriechu medzi Bohom a vami zničený a môžete získať požehnanie vstúpiť do nebeského kráľovstva a tešiť sa z krásneho a šťastného večného života.

„V dome môjho otca je mnoho príbytkov"

Ježiš v Jn 14, 2 hovorí: „V dome môjho Otca je mnoho príbytkov." Srdce Pána, ktorý chce, aby bol každý spasený, sa v tomto verši roztápa. Mimochodom, prečo Ježiš povedal: „V dome môjho Otca", namiesto toho, aby povedal: „v nebeskom kráľovstve?" Je to preto, že Boh nechce „obyvateľov," ale „deti," s ktorými môže navždy zdieľať Jeho lásku ako Otec.

Nebo je riadené Bohom a je dostatočne veľké pre všetkých, ktorí sú spasení skrze vieru. A zároveň je to také krásne a fantastické miesto, že ho nemožno porovnávať s týmto svetom. V nebeskom kráľovstve, ktorého veľkosť je nepredstaviteľná, najkrajším a najslávnejším miestom je Nový Jeruzalem, kde sa nachádza Boží trón. Rovnako ako je Modrý dom v Soule, v hlavnom meste Kórey, a Biely dom vo Washingtone D.C., hlavnom meste Spojených štátov, pre prezidenta danej krajiny, v Novom Jeruzaleme je Boží trón.

Tak teda, kde je Nový Jeruzalem? Je v centre neba a je to miesto, kde budú žiť naveky ľudia s vierou, ktorá sa páči Bohu. Naopak, okrajovou časťou neba je raj. Rovnako ako zločinec, ktorý visel po Ježišovom boku, prijal Ježiša Krista a bol spasený, aj tí, ktorí len prijali Ježiša Krista a neurobili nič pre Božie kráľovstvo, vstúpia do raja.

Nebo je odmeňované podľa miery viery

Prečo Boh pripravil v nebi mnoho príbytkov pre Jeho deti? Boh je spravodlivý, nechá vás žať to, čo zasejete (Gal 6, 7) a odmeňuje každého človeka podľa toho, čo urobil (Mt 16, 27; Zjv 2, 23). To je dôvod, prečo Pán pripravil príbytky podľa miery viery.

Rim 12, 3 poznamenáva: *"Mocou milosti, ktorú som dostal, hovorím každému z vás, aby si nik nemyslel o sebe viac, ako myslieť treba, ale zmýšľajte triezvo, každý podľa stupňa viery, aký mu udelil Boh."*

Preto je potrebné si uvedomiť, že príbytok a sláva každého

človeka v nebi sa líši v závislosti od miery jeho viery.

Váš príbytok v nebi bude určený podľa miery, do akej sa podobáte Božiemu srdcu. Príbytok vo večnom nebi bude pridelený podľa toho, koľko neba ste ako duchovný človek dosiahli vo vašom srdci.

Napríklad, povedzme, že dieťa a dospelý človek súťažia v športovej udalosti alebo vedú diskusiu. Svet detí a dospelých je tak odlišný, že deti by sa čoskoro začali s dospelými nudiť. Spôsob myslenia, jazyk a skutky detí sú veľmi odlišné od dospelých. Bola by to zábava, keby sa deti hrali s deťmi, mládež s mládežou a dospelí s dospelými.

Je to rovnaké po duchovnej stránke. Pretože duch každého človeka je iný, Boh lásky a spravodlivosti rozdelil nebeské príbytky podľa miery viery tak, aby Jeho deti žili šťastne.

Pán sa vráti, keď pripraví nebeské príbytky

V Jn 14, 3 Pán prisľúbil, že sa vráti a zoberie vás do nebeského kráľovstva, keď dokončí prípravu nebeských príbytkov.

Predpokladajme, že máme človeka, ktorý kedysi dostal Božiu milosť a mal veľa odmien v nebi, pretože bol verný. Ale ak sa vráti na cesty sveta, príde o spasenie a skončí v pekle. A to množstvo nebeských odmien sa stane bezcenným. Dokonca, aj keď do pekla nepôjde, jeho odmeny sa stanú bezcennými.

Niekedy, keď sklame Boha zneuctením, hoci Mu bol kedysi verný, vráti sa na nižšiu úroveň viery alebo zostane na rovnakej úrovni vo svojom kresťanskom živote, i keď by mal postúpiť vyššie, jeho odmeny sa zmenšia.

Ale Pán si pamätá všetko, čo ste urobili a o čo ste snažili sa pre Božie kráľovstvo, keď ste boli verní. A tiež, ak posvätíte svoje srdce obriezkou Duchom Svätým, budete s Pánom, keď sa vráti a budete požehnaní zostať na mieste, ktoré žiari ako slnko v nebi. Pretože Pán chce, aby všetky Božie deti boli dokonalé, povedal: *„Keď odídem a pripravím vám miesto, opäť prídem a zoberiem vás so sebou, aby ste boli tam, kde som aj ja."* Ježiš chce, aby ste sa očistili, tak ako je aj Pán čistý a pevne sa držali tohto slova nádeje.

Keď Ježiš úplne vykonal Božiu vôľu a mocne oslávil Boha, Boh oslávil Ježiša a dal Mu nové meno: „Kráľ kráľov, Pán pánov." A rovnako, do akej miery vy oslávite Boha na tomto svete, Boh vás povedie ku sláve. Do tej miery, do akej sa podobáte Bohu a ste Bohom milovaní, budete žiť bližšie k Božiemu trónu v nebi.

Nebeské príbytky čakajú na svojich pánov, Božie deti, rovnako ako nevesty čakajú na svojich ženíchov. To je dôvod, prečo apoštol Ján v Zjv 21, 2 píše: *„A videl som, ako z neba od Boha zostupuje sväté mesto, nový Jeruzalem, vystrojené ako nevesta, ozdobená pre svojho ženícha."*

Ani tie najlepšie služby krásnym nevestám tohto sveta nemôžu byť porovnávané s pohodlím a šťastím nebeských príbytkov. Domy v nebi majú všetko a poskytujú všetko čítaním mysle svojich pánov, takže budú žiť naveky šťastne.

Prís 17, 3 hovoria: „Téglik je na striebro a (taviaca) pec na zlato, srdcia však skúša Pán." V mene Pána Ježiša Krista sa preto modlím, aby ste si uvedomili, že Boh dotvára ľudí, aby z nich vychoval Jeho pravé deti. Staňte sa svätými s nádejou na Nový

Jeruzalem a silne napredujte k tomu najlepšiemu nebu tým, že budete verní v celom Božom dome.

Kapitola 5

Ako budeme žiť v nebi?

1. Životný štýl v nebi
2. Oblečenie v nebi
3. Strava v nebi
4. Doprava v nebi
5. Zábava v nebi
6. Vzdávanie chvál, vzdelávanie a kultúra v nebi

*A sú telá nebeské a telá pozemské,
ale iná je sláva nebeských
a iná pozemských.
Iný je jas slnka, iný jas mesiaca
a iný jas hviezd;
veď hviezda sa od hviezdy líši jasom.*

- 1 Kor 15, 40-41 -

Šťastie v nebi nemožno porovnávať ani s najlepšími a najkrajšími vecami na tejto zemi. Dokonca, aj keď sa bavíte so svojimi blízkymi na pláži s horizontom v dohľade, tento druh šťastia je len krátkodobou záležitosťou a nie je pravým šťastím. V jednom kútiku vašej mysle stále existujú obavy z návratu do každodenného života. Ak budete tento spôsob života opakovať každý mesiac alebo dva, alebo každý rok, čoskoro sa začnete nudiť a začnete hľadať niečo nové.

Ale život v nebi, kde je všetko také čisté a krásne ako krištáľ, je pravé šťastie, pretože všetko je neustále nové, záhadné, radostné a šťastné. Môžete tráviť nádherné chvíle s Bohom Otcom a Pánom alebo môžete čas tráviť svojimi záľubami, obľúbenými hrami a ďalšími zaujímavými vecami. Pozrime sa na to, ako budú Božie deti bývať, keď pôjdu do neba.

1. Životný štýl v nebi

Keď sa vaše hmotné telo zmení na duchovné telo, ktoré sa v nebi skladá z ducha, duše a tela, budete schopní spoznať svoju manželku, manžela, deti a rodičov z tejto zeme. Tiež rozoznáte svoje pastiera alebo stádo z tejto zeme. A tiež si budete pamätať to, čo ste na tejto zemi zabudli. Budete veľmi múdri, pretože budete schopní rozlíšiť a pochopiť Božiu vôľu.

Niektorí sa môžu diviť: „Budú všetky moje hriechy v nebi odhalené?" Nie. Ak ste už konali pokánie, Boh si nepamätá vaše hriechy tak, ako je vzdialený východ od západu (Ž 103, 12), ale pamätá si iba vaše dobré skutky, pretože všetky vaše hriechy budú odpustené už predtým, ako vstúpite do neba.

A teda, ako sa zmeníte, keď pôjdete do neba a ako tam budete žiť?

Nebeské telo

Ľudia a zvieratá na tejto zemi majú určitý tvar, a tak každý živý tvor spozná, či ide o slona, leva, orla alebo človeka.

Rovnako ako existuje telo s vlastným tvarom v tomto trojrozmernom svete, existuje unikátne telo v nebi, ktoré je štvorrozmerným svetom. To sa nazýva nebeské telo. V nebi sa tak navzájom spoznáte. Ako teda bude vyzerať nebeské telo?

Keď sa Pán vráti vo vzduchu, každý z vás sa zmení vo vzkriesené telo, ktorým je duchovné telo. Toto vzkriesené telo sa po veľkom rozsudku premení na nebeské telo, ktoré je na vyššej úrovni. Podľa odmien každého človeka bude sláva, ktorá žiari z tohto nebeského tela, pre každého iná.

Nebeské telo má kosti a mäso ako Ježišovo telo po Jeho vzkriesení (Jn 20, 27), ale je to nové telo, ktoré sa skladá z ducha, duše a nepominuteľného tela. Naše pominuteľné telo sa zmení na nové telo Slovom a Božou mocou.

Nebeské telo, ktoré sa skladá z nepominuteľných kostí a mäsa, bude žiariť, pretože je svieže a čisté. Aj keď niekomu chýba ruka, noha alebo je zdravotne postihnutý, nebeské telo bude obnovené ako dokonalé telo.

Nebeské telo nie je ako tieň, ale má jasný tvar a nepodlieha času a priestoru. To je dôvod prečo, keď sa Ježiš po svojom zmŕtvychvstaní zjavil učeníkom, mohol voľne prechádzať cez steny (Jn 20, 26).

Telo na tomto svete má vrásky a starne, ale nebeské telo bude svieže ako nezničiteľné telo, a preto zostane navždy mladé a bude naveky žiariť ako slnko.

Vek tridsiaťtri rokov

Mnoho ľudí si kladie otázku, či je nebeské telo rovnako veľké ako u dospelého človeka alebo také malé ako u dieťaťa. V nebi každý, či už zomrel mladý alebo starý, bude mať večne vek tridsaťtri rokov – vek, kedy bol Ježiš ukrižovaný na tejto zemi.

Prečo vám Boh umožní žiť v nebi vo veku tridsiatich troch rokov naveky? Rovnako ako je slnko najjasnejšie napoludnie, vek tridsiatich troch rokov je špičkou v živote človeka.

Tí, ktorí majú menej ako tridsať rokov, môžu byť trochu neskúsení a nezrelí, a tí, ktorí majú nad štyridsať rokov, starnutím strácajú energiu. Ale okolo veku tridsaťtri rokov ľudia sú zrelí a krásni po všetkých stránkach. Tiež väčšina z nich sú už ženatí alebo vydaté, porodili a vychovávajú deti, takže do určitej miery chápu srdce Boha, ktorý kultivuje ľudské bytosti na tejto zemi.

Týmto spôsobom vás Boh mení na nebeské telá a naveky v nebi zostanete vo veku tridsaťtri rokov, čo je najkrajší vek ľudí.

Žiadne biologické vzťahy

Ak žijete v nebi večne s takým fyzickým vzhľadom, aký ste mali, keď ste zomreli na tomto svete, aké by to bolo smiešne? Povedzme, že muž zomrel vo veku štyridsiatich rokov a išiel do neba. Jeho syn išiel do neba vo veku päťdesiat rokov a jeho vnuk zomrel vo veku deväťdesiat rokov a tiež išiel do neba. Keď sa všetci v nebi stretnú, vnuk by bol najstarší a starý otec by bol najmladší.

Preto v nebi, kde Boh vládne Jeho spravodlivosťou a láskou, bude mať každý tridsatri rokov a nebudú tam existovať žiadne biologické alebo fyzické vzťahy.

Nikto nebude v nebi volať niekoho iného „otec," „mama," „syn" či „dcéra," aj keď boli ich rodičmi alebo deťmi na tejto zemi. Je to preto, lebo všetci sú si navzájom bratmi a sestrami ako Božie deti. Pretože vedia, že si na tejto zemi boli navzájom rodičmi a deťmi a milovali sa, ich vzájomná láska je o to mimoriadnejšia.

Čo ak sa však matka dostane do druhého nebeského kráľovstva a jej syn do Nového Jeruzalema? Na tejto zemi, samozrejme, syn má slúžiť matke. V nebi sa však bude matka klaňať svojmu synovi, pretože sa podobá Bohu Otcovi viac a svetlo, ktoré vychádza z jeho nebeského tela, bude oveľa jasnejšie než jej vlastné.

Preto nebudete volať iných ľudí menami a titulmi, ktoré používate na tejto zemi, ale Boh Otec vám dá nové, vhodnejšie mená, ktoré majú duchovný význam. Aj na tejto zemi Boh zmenil meno Abram na Abrahám, Sarai na Sarah a Jakub na Izrael, čo znamená, že on bojoval s Bohom a vyhral.

Rozdiel medzi mužmi a ženami v nebi

V nebi neexistuje manželstvo, ale je tam jasný rozdiel medzi mužmi a ženami. Po prvé, muži sú vysokí 180 až 188 cm a ženy sú asi o 10 cm nižšie.

Ako budeme žiť v nebi?

Niektorí ľudia sú príliš zaneprázdnení premýšľaním, že sú príliš nízki alebo príliš vysokí, ale v nebi takéto obavy nemáte. Tiež nie je potrebné sa obávať o váhu, pretože všetci budú mať najvhodnejšiu a najkrajšiu postavu.

Nebeské telo necíti žiadnu váhu, aj keď sa zdá, že má nejakú hmotnosť, takže aj keď kráčate po kvetoch, nezašliapnete ich ani nezničíte. Nebeské telo nemôže byť zvážené, ale vietor ho nemôže odfúknuť, pretože je veľmi stabilné. Mať nejakú váhu, aj keď ju nemôžete cítiť, znamená to, že máte tvar a vzhľad. Je to, ako keď zdvihnete list papiera, necítite žiadnu váhu, ale viete, že niečo váži.

Vlasy budete mať blond a mierne vlnité. Vlasy mužov budú až po krk, ale dĺžka vlasov žien bude rôzna. Dlhé vlasy u žien znamenajú, že získali veľké odmeny a najdlhšie vlasy budú po pás. Preto dlhé vlasy u žien znamenajú obrovskú slávu a hrdosť (1 Kor 11, 15).

Na tejto zemi sa väčšina žien snaží mať bielu a jemnú pokožku. Používajú rôzne kozmetické prípravky, aby mali pevnú a mäkkú pokožku bez vrások. V nebi budú mať všetci čistú pokožku, ktorá bude neskutočne biela, jasná, čistá a bude žiariť svetlom slávy.

Navyše, pretože v nebi nie je žiadne zlo, nie je potrebné nosiť make-up alebo sa strachovať o vonkajší vzhľad, pretože všetko vyzerá krásne. Svetlo slávy, ktorá vychádza z nebeského tela bude žiariť belšie, jasnejšie a silnejšie v závislosti od miery, do akej sa každý z nich stal svätým a podobal sa srdcu Pána. Taktiež je podľa toho rozhodnuté postavenie každého človeka a všetko dodržiavané.

Srdce nebeských ľudí

Ľudia s nebeským telom majú srdce samotného ducha, ktorý je božskou prirodzenosťou a nie je v ňom žiadne zlo. Rovnako ako ľudia chcú mať a dotknúť sa všetkého, čo je dobré a krásne na tejto zemi, aj srdcia ľudí, ktorí sú nebeskými telami, chcú cítiť krásu druhých, pozerať sa na nich a dotknúť sa ich s potešením. Napriek tomu tam nie je vôbec žiadna chamtivosť či závisť.

Ľudia sa na tejto zemi menia podľa ich vlastného prospechu, a cítia sa unavení z vecí, aj keď sú to pekné a dobré veci. Srdce ľudí nebeských tiel nie je ľstivé a nikdy sa nemení.

Napríklad, ľudia na tejto zemi, ak sú chudobní, môžu maškrtiť aj na lacných a nekvalitných potravinách. Ak sú trochu bohatší, nie sú spokojní s tým, čo bolo pre nich kedysi chutné a neustále hľadajú lepšie jedlo. Ak kúpite deťom novú hračku, na začiatku sú veľmi rady, ale po niekoľkých dňoch ich však omrzí a budú hľadať novú hračku. Ale v nebi neexistuje takýto spôsob myslenia, takže ak niečo raz máte radi, bude sa vám to páčiť navždy.

2. Oblečenie v nebi

Niektorí ľudia si môžu myslieť, že oblečenie v nebi bude pre všetkých rovnaké, ale nie je tomu tak. Boh je Stvoriteľ a spravodlivý Sudca, ktorý odmeňuje podľa toho, čo ste urobili. Preto rovnako ako odmeny v nebi sú rozdielne, aj oblečenie sa bude meniť podľa skutkov na tejto zemi (Zjv 22, 12). Tak teda, aké oblečenie budete mať a ako je odev v nebi ozdobený?

Rôznofarebné nebeské oblečenie rôzneho strihu

V nebi všetci nosia svetlé, biele a lesklé oblečenie. Je mäkké ako hodváb a také ľahké, ako keby nemalo žiadnu váhu a krásne povieva.

Podľa miery svätosti každého človeka sú žiara a jas oblečenia rôzne. Čím viac sa podobá svätému srdcu Boha, o to jasnejšie a krajšie bude jeho odev žiariť.

V závislosti na miere, do akej ste pracovali pre Božie kráľovstvo a oslávili Boha, dostanete rôzne druhy bielizne s rôznym vzorom a z rôznych materiálov.

Na tejto zemi ľudia nosia rôzne druhy oblečenia v závislosti na ich sociálnom a ekonomickom postavení. Podobne budete v nebi nosiť farebnejšie oblečenie viacerých strihov, ak sa dostanete na vyššiu pozíciu v nebi. Taktiež aj účesy a doplnky sú rôzne.

V dávnych dobách ľudia spoznali spoločenské postavenie pohľadom na farby oblečenia. Rovnakým spôsobom aj v nebi môžu nebeskí ľudia zistiť postavenie a množstvo odmien venovaných každému z nich. Nosiť oblečenie určitých farieb a strihov iných ako u ostatných, znamená, že získali väčšiu slávu.

Preto tí, ktorí vstúpili do Nového Jeruzalema a prispeli tiež k Božiemu kráľovstvu, dostanú najkrajšie, najfarebnejšie a najjasnejšie oblečenie.

Na jednej strane, ak ste neurobili pre Božie kráľovstvo veľa, v nebi dostanete len niekoľko odevov. Na druhej strane, ak ste tvrdo pracovali s vierou a láskou, dostanete nespočetné množstvo oblečenia v mnohých farbách a strihov.

Nebeské oblečenie s rôznymi ozdobami

Boh vám dá šaty s rôznymi ozdobami, aby tak ukázal slávu každého z vás. Rovnako ako členovia kráľovskej rodiny v minulosti vyjadrili svoje pozície nosením špeciálnych ozdôb na odeve, aj oblečenie v nebi s rôznymi ozdobami ukáže nebeské postavenie a slávu človeka.

V nebi sú ozdoby vďaky, chvály, modlitby, radosti, slávy, a tak ďalej, ktoré môžu byť na oblečení našité. Ak spievate chválospev v tomto živote s vďačnou mysľou za lásku a milosť Boha Otca a Pána alebo ak oslavujete Boha, On prijíma vaše srdce ako krásnu vôňu a odmení vás ozdobami chvály na vašom nebeskom oblečení.

Ozdoby radosti a vďaky budú krásne pripravené pre ľudí, ktorí boli skutočne radostní a vďační vo svojich srdciach aj počas trápenia a skúšok na tejto zemi, pamätajúc na milosť Boha Otca, ktorý im dal večný život a nebeské kráľovstvo.

Ozdoby modlitby budú udelené tým ľuďom, ktorí sa modlili a obetovali život pre Božie kráľovstvo. Zo všetkých týchto ozdôb je však najkrajšou ozdobou ozdoba slávy. To je najťažšie získať. Je udelená iba tým, ktorí z úprimným srdcom urobili všetko pre Božiu slávu. Rovnako ako kráľ alebo prezident odmeňuje mimoriadnu medailu alebo čestnú medailu vojakovi, ktorý preukázal výnimočnú službu, táto ozdoba slávy je udeľovaná práve tým ľuďom, ktorí namáhavo a mnoho pracovali pre Božie kráľovstvo a vzdali Bohu veľkú slávu. Preto ten, kto získa oblečenie ozdobené slávou, je jedným z najušľachtilejších zo všetkých ľudí v nebeskom kráľovstve.

Odmeňované vence a drahokamy

V nebi je nespočetné množstvo drahokamov. Niektoré drahokamy sú udeľované ako odmeny a zdobia oblečenie. V Knihe Zjavení sa dočítate, že Pán má na hlave zlatý veniec a šerpu okolo hrude, a sú to odmeny, ktoré dostal od Boha.

Biblia spomína mnoho druhov vencov. Získané vence a hodnota týchto vencov sa líši preto, lebo sú udeľované ako odmeny.

Je mnoho druhov vencov, ktoré sú udeľované podľa skutkov každého človeka, ako nezničiteľný veniec venovaný tým, ktorí sa zúčastňujú hry (1 Kor 9, 25), veniec slávy venovaný tým, ktorí chválili Boha (1 Pt 5, 4), veniec života venovaný tým ľuďom, ktorí boli verní až na smrť (Jak 1, 12; Zjv 2, 10), zlatý veniec, ktorý má na hlave 24 starcov okolo Božieho trónu (Zjv 4, 4; 14, 14), a veniec spravodlivosti, po ktorom túžil apoštol Pavol (2 Tim 4, 8).

Taktiež sú tam vence mnohých tvarov, ktoré sú zdobené drahokamami, ako napríklad, zlatom zdobený veniec, veniec z kvetov, veniec z perál, a tak ďalej. Podľa toho, aký veniec človek získa, spoznáte mieru jeho svätosti a odmeny.

Na tejto zemi si môže hocikto kúpiť drahokamy, ak má peniaze. Ale v nebi môžete mať drahokamy iba vtedy, keď ich dostanete ako odmenu. Faktory, ako napríklad, počet ľudí, ktorých ste viedli ku spáse, množstvo obiet ponúknutých s čistým srdcom a miera vašej vernosti, určujú, aké druhy odmien získate. Drahokamy a vence teda musia byť rozdielne, pretože sú udeľované podľa skutkov každého človeka. Taktiež aj svetlo, krása, nádhera a množstvo drahokamov a vencov sú rôzne.

Je to rovnaké s príbytkami a domami v nebi. Príbytky sa

líšia podľa miery viery každého človeka; veľkosť, krása, jas zlata a iných šperkov na domoch sú tiež rôzne. Tieto detaily o príbytkoch v nebi pochopíte ľahšie po prečítaní kapitoly 6.

3. Strava v nebi

Keď prví ľudia Adam a Eva žili v raji Edenu, jedli len ovocie a semená rastlín (Gn 1, 29). Avšak, keď bol Adam pre jeho neposlušnosť z raja Edenu vyhnaný, začali jesť poľné rastliny. Po potope už ľudia mohli jesť mäso. A teda, ako sa v človeku hromadilo zlo, menil sa aj druh stravy.

Čo teda budete jesť v nebi, kde nie je žiadne zlo? Niekto by sa mohol pýtať, či potrebuje nebeské telo jesť. V nebi môžete piť vodu života a jesť alebo vôňať mnoho druhov ovocia, a budete radostní.

Dýchanie nebeského tela

Tak ako dýchajú ľudia na zemi, aj nebeské telá dýchajú v nebi. Samozrejme, že nebeské telo nemusí dýchať vôbec, ale môže pri dýchaní oddychovať, tak ako dýchate na tejto zemi. A môže dýchať nielen nosom a ústami, ale aj očami, všetkými bunkami v tele, dokonca aj srdcom.

Boh dýcha vôňu našich sŕdc, pretože On je Duch. v starozákonnej dobe bol potešený obetami spravodlivých ľudí a zacítil sladkú vôňu ich sŕdc (Gn 8, 21). V Novom zákone Ježiš, ktorý je čistý a bez poškvrny, vydal seba samého Bohu za nás ako dar a obetu ľúbeznej vône (Ef 5, 2).

Preto Boh cíti vôňu vášho srdca, keď Ho s čistým srdcom uctievate, modlíte sa k Nemu a spievate Mu žalmy. Podľa toho, do akej miery sa podobáte Pánovi a stanete sa spravodlivými, môžete šíriť vôňu Krista a na oplátku ste prijatí ako vzácna obeta Bohu. Boh prijíma vaše chvály a modlitby s radosťou prostredníctvom dýchania.

V Mt 26, 29 vidíte, že Pán sa modlí za vás od chvíle, kedy vystúpil do neba bez toho, aby prijímal akúkoľvek stravu za posledné dve tisícročia. Podobne, v nebi môže nebeské telo žiť aj bez jedla a dýchania. Vy sami budete žiť večne, keď pôjdete do neba, pretože sa zmeníte na duchovné telo, ktoré nikdy nepominie.

Keď však nebeské telo dýcha, môže cítiť viac radosti a šťastia a jeho duch sa zotavuje a obnovuje. Rovnako ako sa ľudia snažia o vyvážený jedálny lístok pre udržanie zdravia, tak aj nebeské telo dýcha ľúbezné vône v nebi.

Takže, keď mnoho druhov kvetín a ovocia vydáva vôňu, nebeské telo ju vdychuje. Aj keď kvety vydávajú stále tú istú vôňu, vždy budú šťastné a spokojné.

Okrem toho, ak nebeské telo vdýchne krásnu vôňu kvetín a ovocia, vôňa vsiakne do tela ako parfém. Telo uvoľňuje túto vôňu, až kým úplne nezmizne. Tak ako sa cítite dobre, keď na tejto zemi použijete parfém, aj nebeské telo sa cíti šťastnejšie, keď cíti krásnu vôňu.

Vylučovanie prostredníctvom dychu

Ako potom ľudia jedia a pokračujú v živote v nebi? V Biblii vidíme, že Pán sa po vzkriesení objavil pred svojimi učeníkmi, a buď na nich dýchol (Jn 20, 22), alebo s nimi jedol (Jn 21, 12-

15). Dôvodom, prečo vzkriesený Pán jedol, nebolo pretože bol hladný, ale chcel sa podeliť s učeníkmi o radosť a dať vám vedieť, že aj vy ako nebeského telá budete v nebi jesť. Preto je v Biblii zaznamenané, že po vzkriesení Ježiš Kristus jedol na raňajky chlieb a ryby.

Prečo teda Biblia hovorí, že Pán dýchal aj po vzkriesení? Keď v nebi jete, rozpúšťa sa to okamžite a vylúči sa to prostredníctvom dychu. V nebi sa jedlo okamžite rozpadá a opúšťa telo cez dych. Takže nie je nutné ho vylučovať alebo ísť na toaletu. Aké pohodlné a úžasné je, keď strava opúšťa telo prostredníctvom dychu ako vôňa a rozpustí sa!

4. Doprava v nebi

Počas celej histórie ľudskej civilizácie a pokročilej vedy boli vynájdené rýchle a pohodlné spôsoby dopravy, ako sú vozy, vagóny, automobily, lode, vlaky, lietadlá, a tak ďalej.

V nebi existuje mnoho druhov dopravy. Existuje systém verejnej dopravy, ako je nebeský vlak a súkromné dopravné prostriedky, ako je automobilový oblak a zlaté vagóny.

V nebi môžu nebeské telá ísť veľmi rýchlo alebo dokonca aj lietať, pretože sú mimo priestor a čas, ale je väčšou zábavou a príjemnejšie používať dopravu danú ako odmenu.

Cestovanie a doprava v nebi

Ako úžasné a zábavné by to bolo, keby ste mohli cestovať po celom nebi a vidieť všetky krásne a obdivuhodné veci, ktoré Boh stvoril!

Každý kút neba je jedinečne krásny, a tak si môžete vychutnať každú jeho časť. Ale keďže srdce nebeského tela sa nikdy nemení, nikdy sa nezačne nudiť ani nebude unavené, ak znovu navštívi to isté miesto. Takže cestovanie v nebi je vždy zaujímavé a zábavné.

Nebeské telo nemusí používať žiadnu dopravu, pretože sa nikdy neunaví a môže lietať. Ale používanie rôznych vozidiel je oveľa pohodlnejšie. Je to rovnaké, ako je cesta autobusom o niečo pohodlnejšia než chôdza a cesta taxíkom alebo autom je o niečo pohodlnejšia než cesta autobusom alebo metrom na tejto zemi.

Takže, ak cestujete nebeským vlakom, ktorý je ozdobený rôznofarebnými drahokamami, môžete sa dostať k cieľu aj bez železnice, a môže sa voľne pohybovať doprava a doľava alebo hore a dole.

Ak ľudia z raja idú do Nového Jeruzalema, budú cestovať nebeským vlakom, pretože tieto dve miesta sú od seba pomerne ďaleko. Je to úžasné vzrušenie pre cestujúcich. Letieť pomedzi jasné svetlá a oknami vidieť krásne scenérie neba. Cítia sa ešte radostnejší, že stretnú Boha Otca.

Medzi dopravou v nebi je aj zlatý voz, na ktorom cestuje mimoriadna osoba v Novom Jeruzaleme, keď ide okolo neba. Má biele krídla a vo vnútri je tlačidlo. Stlačením tohto tlačidla sa voz bude pohybovať úplne automaticky a podľa želania majiteľa môže bežať alebo dokonca lietať.

Automobilový oblak

Oblaky v nebi slúžia ako dekorácia, ktorá pridáva nebesiam

krásu. Takže, keď nebeské telo prichádza na miesta obklopené oblakmi, žiari viac než by kráčalo bez oblakov. Tiež to pomáha ostatným cítiť a uctievať dôstojnosť, slávu a moc duchovného tela, ktorá prichádza v oblakoch.

Biblia hovorí, že Pán prichádza v oblakoch (1 Tes 4, 16-17). To je preto, lebo príchod v oblakoch slávy je oveľa majestátnejší, dôstojnejší a krajší než príchod vo vzduchu bez čohokoľvek. Rovnako aj oblaky v nebi existujú, aby pridávali na sláve Božích detí.

Ak ste kvalifikovaní vstúpiť do Nového Jeruzalema, môžete mať najkrajší automobilový oblak. Nejde o oblak vytvorený z pary, ako je to na tejto zemi, ale je vyrobený z oblaku nebeskej slávy.

Automobilový oblak zdôrazňuje slávu, dôstojnosť a moc svojho majiteľa. Avšak nie každý môže mať automobilový oblak. Dostanú ho len tí, ktorí sú kvalifikovaní na vstup do Nového Jeruzalema, sú úplne svätí a boli verní v celom Božom dome.

Tí, ktorí vstúpia do Nového Jeruzalema, môžu ísť kamkoľvek s Pánom riadiacim tento automobilový oblak. Počas cesty ich vedú a slúžia im nebeské zástupy a anjeli. Je to rovnaké, ako keď služobníci slúžia kráľovi alebo princovi, keď je na ceste. Preto sprievod a služby nebeských zástupov a anjelov poukazujú na moc a slávu majiteľa.

Automobilový oblak je zvyčajne riadený anjelmi. K dispozícii sú jednomiestne oblaky na súkromné účely alebo viacmiestne, na ktorom môže cestovať viac ľudí naraz. Keď človek v Novom Jeruzaleme hrá golf a pohybuje sa po golfovej ploche, automobilový oblak ho nasleduje a zastaví sa pri jeho nohách. Keď majiteľ nasadne, oblak sa pomaly pohybuje smerom k lopte.

Predstavte si, že letíte v nebi v Novom Jeruzaleme v

automobilovom oblaku, sprevádzaní nebeským zástupom a anjelmi. Tiež si predstavte, že cestujete s Pánom v automobilovom oblaku alebo cestujete vo vlaku po nebi so svojimi blízkymi. Pravdepodobne budete zaplavení radosťou.

5. Zábava v nebi

Niektorí si môžu myslieť, že nie je veľmi zábavné žiť ako nebeské telo, ale nie je tomu tak. Zábava na tomto hmotnom svete vás ľahko môže prestať baviť alebo s ňou nebudete úplne spokojní, ale v duchovnom svete „zábava" je stále nová a osviežujúca.

Takže aj na tomto svete, čím viac úplného ducha dosiahnete, tým hlbšiu lásku môžete zažiť a budete šťastnejší. V nebi si môžete vychutnať nielen svoje záľuby, ale aj mnoho druhov zábavy. A tá je neporovnateľne príjemnejšia než akékoľvek iné formy zábavy na tejto zemi.

Záľuby a hry

Rovnako ako ľudia na tejto zemi rozvíjajú svoj talent a obohajucujú svoje životy záľubami, aj v nebi môžete mať záľuby a rovnako sa z nich tešiť. Môžete si naplno vychutnať nielen to, čo sa vám páčilo na tejto zemi, ale aj veci, ktorých ste sa zdržiavali, aby ste splnili Božie diela. Môžete sa tiež naučiť veľa nových vecí.

Tí, ktorí sa zaujímajú o hudobné nástroje, môžu chváliť Boha hrou na harfe. Alebo sa môžete naučiť hrať na klavír, flautu a mnoho ďalších nástrojov, a môžete sa naučiť hrať na ne veľmi rýchlo, pretože v nebi bude každý oveľa múdrejší.

Môžete sa tiež zhovárať s prírodou a nebeskými zvieratami. Dokonca aj rastliny a zvieratá rozoznávajú Božie deti, privítajú ich a vyjadria svoju lásku a úctu k nim.

Ďalej si môžete vychutnať veľa športov, ako je tenis, basketbal, kolky, golf a závesné lietanie, ale žiadne športy, ako je zápasenie alebo box, ktoré môžu uškodiť ostatným. Vybavenie a zariadenie nie je vôbec nebezpečné. Sú vyrobené z úžasných materiálov a sú ozdobené zlatom a drahokamami, aby pri športe prinášali viac šťastia a radosti.

Aj športové zariadenia rozoznávajú srdcia ľudí a poskytujú viac potešenia. Napríklad, ak vás bavia kolky, guľa alebo kolky menia farbu a nastavia svoje pozície a vzdialenosti podľa vášho želania. Kolky padajú s krásnymi svetlami a veselým zvukom. Ak chcete prehrať, kolky sa pohybujú podľa vášho želania, aby ste boli šťastnejší.

V nebi nie je žiadne zlo, ktoré chce vyhrať alebo poraziť niekoho iného. Viac potešovať ostatných a poskytovať im väčší úžitok – to je víťazstvo v hre. Niekto by mohol spochybniť význam tejto hry, ktorá nemá víťaza ani porazeného, ale v nebi neprežívate radosť víťazstvom nad inými. Samotná hra je radosťou.

Samozrejme, že existujú hry, ktorými dosiahnete radosť prostredníctvom dobrej a spravodlivej súťaže. Napríklad, je tam hra, v ktorej môžete vyhrať podľa toho, koľko kvetinovej vône vdýchnete, ako dobre ju zmiešate a vydýchnete tú najlepšiu vôňu, a podobne.

Rôzne druhy zábavy

Niektorí ľudia, ktorí majú radi hry, sú zvedaví, či v nebi existuje niečo ako arkády. Samozrejme existuje veľa hier, ktoré sú oveľa zábavnejšie než hry na tejto zemi.

Hry v nebi na rozdiel od hier na tejto zemi vás nikdy neunavia, ani vám nezhoršia zrak. Nikdy vás nenudia. Namiesto toho vás zotavia a upokoja. Keď vyhráte alebo dosiahnete to najlepšie skóre, cítite najväčšiu radosť a nikdy nestrácate záujem.

Ľudia v nebi majú nebeské telá, takže nikdy nepociťujú strach z pádu z jazdy v zábavných parkoch, ako napríklad z horskej dráhy. Cítia len vzrušenie a potešenie. Takže aj tí, ktorí na tejto zemi trpia akrofóbiou, v nebi sa môžu naplno tešiť z týchto vecí.

Dokonca, aj keď spadnú z horskej dráhy, nezrania sa, pretože majú nebeské telo. Môžete pristáť veľmi bezpečne ako majster bojových umení alebo vás ochránia anjeli. Tak si predstavte, že ste na horskej dráhe, kričíte s Pánom a všetkými svojimi blízkymi. Aké šťastné a príjemné by to bolo!

6. Vzdávanie chvál, vzdelávanie a kultúra v nebi

V nebi nie je potrebné pracovať, aby ste mali jedlo, oblečenie a ubytovanie. A tak sa niektorí ľudia môžu čudovať: „Čo budeme robiť naveky? Nestaneme sa bezmocnými ničnerobením?" Avšak o to sa vôbec netreba obávať.

V nebi je mnoho vecí, z ktorých sa môžete tešiť. Existuje veľa druhov zaujímavých a vzrušujúcich aktivít a podujatí, ako sú hry, vzdelávanie, bohoslužby, večierky a festivaly, cestovanie a šport. Nemusíte a ani nie ste nútení podieľať sa na týchto aktivitách. Každý robí všetko dobrovoľne a s radosťou, pretože všetko, čo robíte, vás napĺňa obrovským šťastím.

Vzdávanie chvál s radosťou pred Bohom Stvoriteľom

Rovnako ako chodíte na bohoslužby a vzdávate Bohu chvály v určitý čas na tejto zemi, aj v nebi budete Boha chváliť v určenom čase. Samozrejme, že Boh je kazateľom a skrze Jeho posolstvá sa môžete dozvedieť o pôvode Boha a duchovného sveta, ktorý nemá ani začiatok, ani koniec.

Všeobecne platí, že tí, ktorí v štúdiu vynikajú, tešia sa na hodiny a na stretnutie s učiteľmi. Aj v živote viery tí, ktorí milujú Boha a chvália Ho v duchu a v pravde, tešia sa na bohoslužby a na počúvanie hlasu pastiera, ktorý hlása slovo života.

Keď pôjdete do neba, prežívate radosť a šťastie vo vzdávaní chvál Bohu a tešíte sa na počúvanie Božieho Slova. Môžete počúvať Božie Slovo prostredníctvom bohoslužieb, mať čas porozprávať sa s Bohom alebo počúvať Pánovo Slovo. Aj tam je čas modlitieb. Ale nekľačíte a nemodlíte sa so zavretými očami ako na tejto zemi. Je to čas rozhovoru s Bohom. Modlitby v nebi sú rozhovory s Bohom Otcom, Pánom a Duchom Svätým. Aké šťastné a príjemné budú tie časy!

Môžete tiež chváliť Boha ako na tejto zemi. To však nebude v žiadnom jazyku tohto sveta, ale budete chváliť Boha novými piesňami. Tí, ktorí prešli skúškami spoločne alebo členovia jednej cirkvi na tejto zemi, stretnú sa s pastierom na spoločné chvály a budú tráviť čas priateľstvom.

Tak teda, ako ľudia v nebi spoločne chvália Boha, ak sú ich príbytky na rôznych miestach po celom nebi? V nebi sa žiara nebeských tiel líši v každom príbytku, takže si požičiavajú vhodné oblečenie, aby mohli ísť do miest na vyššej úrovni. A preto na účasť na bohoslužbe konanej v Novom Jeruzaleme, ktorý je osvetlený svetlom slávy, musia si všetci ľudia na iných miestach požičať vhodné oblečenie.

Mimochodom, rovnako ako sa môžete v rovnakom čase zúčastniť a sledovať rovnakú bohoslužbu prostredníctvom satelitov na celom svete, môžete urobiť to isté v nebi. Môžete sa zúčastniť a pozerať sa na bohoslužbu, ktorá sa koná v Novom Jeruzaleme na všetkých miestach neba, ale obrazovka v nebi je taká prirodzená, že sa budete cítiť, ako keby ste sa zúčastnili bohoslužby osobne.

Taktiež môžete pozvať predkov viery, ako Mojžiša a apoštola Pavla, na spoločné vzdávanie chvál. Musíte však mať príslušnú duchovnú moc, aby ste mohli pozvať tieto ušľachtilé osoby.

Učenie sa o nových a hlbokých duchovných tajomstvách

Božie deti sa učia veľa duchovných vecí počas kultivácie na tejto zemi, ale to, čo sa naučia tu, je len krôčik k tomu, aby sa dostali do neba. Po vstupe do neba sa začnú učiť o novom svete.

Napríklad, keď veriaci v Ježiša Krista zomrú, s výnimkou tých, ktorí pôjdu do Nového Jeruzalema, zostávajú v oblasti na okraji raja, kde sa od anjelov naučia etikete a pravidlám neba.

Rovnako ako aj ľudia na tejto zemi musia byť poučení, aby sa prispôsobili spoločnosti, tak aby mohli žiť v novom svete duchovnej oblasti, musia byť podrobne poučení o tom, ako sa správať.

Niektorí sa môžu čudovať, prečo ešte aj v nebi musia študovať, keď sa už učia veľa vecí na tejto zemi. Učenie na tejto zemi je cvičný duchovný proces a skutočné učenie začína až v nebi.

Podobne, učenie sa tam nikdy neskončí, pretože Božie kráľovstvo je neobmedzené a trvá naveky. Bez ohľadu na to, koľko veľa sa toho naučíte, nemôžete sa všetko naučiť o Bohu, ktorý bol ešte pred začiatkom vekov. Nemôžete nikdy plne poznať hĺbku Boha, ktorý bol prítomný od vekov, riadi celý vesmír a všetky veci v ňom, a ktorý bude naveky.

Preto si môžete uvedomiť, že existuje nespočetné množstvo vecí, ktoré sa môžete naučiť, ak idete do neobmedzeného duchovného sveta. A duchovné učenie je veľmi zaujímavé a zábavné na rozdiel od niektorých štúdií na tomto svete.

Okrem toho duchovné učenie nie je nikdy povinné a nie je tam žiadna skúška. Nikdy nezabudnete to, čo sa naučíte, a preto to nie je ťažké ani unavujúce. V nebi sa nikdy nebudete nudiť alebo ničnerobiť. Budete jednoducho šťastní, že sa môžete dozvedieť úžasné a nové veci.

Večierky, hostiny a predstavenia

Aj v nebi existuje mnoho druhov večierkov a predstavení. Tieto večierky sú vrcholom radosti v nebi. To je čas, kedy si môžete vychutnať potešenie a radosť z pozorovania bohatstva, slobody, krásy a nebeskej slávy jediným pohľadom.

Rovnako ako sa ľudia na tejto zemi kráslia a zdobia, ak idú na prestížny večierok a jedia, pijú a vychutnávajú si to najlepšie, môžete mať večierky s ľuďmi, ktorí sa ozdobia najkrajším spôsobom. Večierky sú plné krásnych tancov, piesní a ozýva sa radostný smiech.

Tiež sú tam miesta ako Carnegie Hall v New Yorku alebo Sydney Opera House v Austrálii, kde si môžete vychutnať rôzne predstavenia. Predstavenie v nebi nie je na chválu seba samého, ale len na oslavovanie Boha, vďakyvzdávanie Pánovi za radosť a šťastie a deliť sa o to s ostatnými.

Umelcami sú väčšinou tí, ktorí chválili Boha chválami, tancom, hudobnými nástrojmi a hraním na tejto zemi. Niekedy títo ľudia môžu hrať rovnakú hudbu, ako hrávali na tejto zemi. Alebo tí, ktorí chceli robiť tieto veci na tejto zemi, ale nemohli, môžu v nebi chváliť Boha novými piesňami a novým tancom.

Tiež sú tu kiná, v ktorých môžete vidieť filmy. V prvom alebo druhom nebeskom kráľovstve obvykle sledujete filmy vo verejných kinách. V treťom nebeskom kráľovstve a v Novom Jeruzaleme má každý obyvateľ v dome vlastné zariadenie. Ľudia môžu pozerať filmy s malým občerstvením osamote alebo si môžu pozvať svojich blízkych.

V Biblii sa dozvedáme, že apoštol Pavol bol vzatý do tretieho neba, ale nemohol to prezradiť ostatným (2 Kor 12, 4). Je veľmi ťažké, aby ľudia pochopili nebo, pretože nie je svetoznáme alebo ľuďmi ľahko pochopiteľné. Je tu skôr veľká pravdepodobnosť, že ho ľudia pochopia nesprávne.

Nebo patrí do duchovného sveta. V nebi existuje mnoho vecí, ktoré nemôžete pochopiť alebo si predstaviť, je plné šťastia a radosti, ktorú nikdy nezažijete na tejto zemi.

Boh pre vás pripravil takéto krásne nebo a povzbudzuje vás,

aby ste skrze Bibliu mali správnu kvalifikáciu na vstup do neho.

Preto sa v mene Pánovom modlím, aby ste prijali Pána s radosťou so správnymi kvalifikáciami, ktoré sú nevyhnutné na to, aby ste boli pripravení ako jeho krásne nevesty, keď sa vráti.

Kapitola 6

Raj

1. Krása a radosť v raji
2. Akí ľudia pôjdu do raja?

> *On mu odpovedal:*
> *„Veru, hovorím ti:*
> *Dnes budeš so mnou v raji."*
>
> - Lk 23, 43 -

Všetci tí, ktorí veria, že Ježiš Kristus je ich Spasiteľ, a ktorých mená sú zaznamenané v knihe života, budú si môcť vychutnávať večný život v nebi. Už som však vysvetlil, že viera rastie postupne a príbytky, vence a odmeny udeľované v nebi, závisia od miery viery každého človeka.

Tí, ktorí sa podobajú Božiemu srdcu, budú žiť bližšie k trónu Boha, a čím ďalej sú od Božieho trónu, tým menej sa podobajú Božiemu srdcu.

Raj je najvzdialenejším miestom od Božieho trónu, ktorý má najmenej svetla Božej slávy a je tou najnižšou úrovňou v nebi. Aj napriek tomu je neporovnateľne krajší ako táto zem, dokonca je krajší ako raj Edenu.

Tak teda, akým miestom je raj, a akí ľudia tam pôjdu?

1. Krása a radosť v raji

Oblasť na okraji raja slúži ako čakáreň na posledný súd bieleho trónu (Zjv 20, 11-12). S výnimkou tých, ktorí už vošli do Nového Jeruzalema po tom, čo dosiahli Božie srdce a pomáhajú Božím dielam, všetci spasení od začiatku sveta čakajú v tejto oblasti na okraji raja.

A tak si môžete uvedomiť, aký obrovský je raj, keď oblasti na jeho okraji sú používané ako čakáreň pre také množstvo ľudí. Aj keď tento obrovský raj je najnižšou úrovňou neba, je neporovnateľne krajší a radostnejší než táto zem, Bohom prekliate miesto.

Navyše, pretože je to miesto, kde vstúpia tí, ktorí sú kultivovaní na tejto zemi, je tam oveľa viac šťastia a radosti než v raji Edenu, kde žil prvý človek Adam.

Teraz sa pozrime na krásu a radosť v raji, ktorý Boh zjavil a oznámil všetkým ľuďom.

Široké pláne plné krásnych zvierat a rastlín

Raj je ako široká pláň, kde je veľa upravených trávnikov a krásnych záhrad. O tieto miesta sa stará a udržiava ich mnoho anjelov. Spev vtákov je jasný a čistý a ozýva sa po celom raji. Vyzerajú skoro ako vtáky na tejto zemi, ale sú o niečo väčšie a majú krajšie perie. Ich skupinový spev je krásny.

Taktiež stromy a kvety v záhradách sú svieže a nádherné. Stromy a kvety na tejto zemi s postupom času chradnú, ale v raji sú stromy stále zelené a kvety nikdy nezvädnú. Keď sa k nim ľudia priblížia, kvety sa usmejú a niekedy uvoľnia unikátnu zmes vôní.

Čerstvé stromy prinášajú veľa druhov ovocia. Sú o niečo väčšie ako plody na tejto zemi. Ich povrch je lesklý a vyzerajú veľmi chutne. Šupky z nich nemusíte odstrániť, pretože tam nie je žiaden prach alebo červy. Aká krásna a radostná by bola chvíľa, keby ľudia len tak posedávali a viedli krásne a jednoduché rozhovory s košom plným lahodného a chutného ovocia?

Tiež je tam na rozľahlej pláni mnoho zvierat. Medzi nimi sú levy, ktoré sa tiež živia trávou. Sú oveľa väčšie ako levy na tejto zemi, ale vôbec nie sú agresívne. Sú veľmi krásne, pretože sú mierumilovné a majú čistú a lesklú srsť.

Pokojne tečúca rieka vody života

Rieka vody života tečie naprieč celým nebom, od Nového Jeruzalema až do raja, a nikdy sa nevyparí ani neznečistí. Voda z tejto rieky, ktorá pochádza z Božieho trónu a všetko osviežuje, predstavuje Božie srdce. Je to jasná a krásna myseľ, ktorá je bez poškvrny, bez úhony a bez akejkoľvek tmy. Božie srdce je úplné a po všetkých stránkach dokonalé.

Rieka vody života, ktorá pokojne tečie, je ako morská voda, ktorá sa za slnečného dňa trblietce odrážaným slnkom. Je taká čistá a číra, že nemôže byť porovnávaná so žiadnou vodou na tejto zemi. Pri pohľade z diaľky má modrú farbu a je ako hlboké modré vody Stredozemného mora alebo Atlantického oceánu.

Po oboch stranách rieky vody života sú popri cestách krásne lavičky. Okolo lavičiek sú stromy života, ktoré prinášajú ovocie každý mesiac. Ovocie zo stromu života je väčšie ako plody na tejto zemi a vôňou a chuťou sú také dobré, že nemôžu byť dostatočne popísané. Na jazyku sa rozplývajú ako cukrová vata.

Žiadne osobné majetky v raji

Ľudia v raji nosia biely odev tkaný v jednom kuse, ale nenosia žiadne ozdoby, ako napríklad, brošne na šatách alebo vence a sponky vo vlasoch. Je to preto, lebo neurobili nič pre Božie kráľovstvo, keď žili na tejto zemi.

Keďže všetci tí, ktorí sa dostali do raja, nezískali žiadne odmeny, nie je tam žiadny súkromný dom, vence, ozdoby, a ani slúžiaci anjeli. Je to len miesto, kde prebývajú duchovia, ktorí žijú v raji. Žijú na mieste, kde si navzájom slúžia.

Je to podobné ako v raji Edenu, kde ľudia nemajú žiadne vlastné domy. Ale medzi týmito dvoma miestami je významný rozdiel v miere šťastia. V raji môžu ľudia volať Boha „Abba Otče," pretože prijali Ježiša Krista a dostali dar Ducha Svätého a tak prežívajú šťastie, ktoré nemožno porovnávať so šťastím v raji Edenu.

Z tohto dôvodu je veľkým a vzácnym požehnaním to, že ste sa narodili na tomto svete, zažívate všetky druhy dobrých a zlých vecí, stali ste sa pravými Božími deťmi a máte vieru.

Raj plný šťastia a radosti

Dokonca aj život v raji je plný šťastia a radosti v pravde, pretože tam neexistuje žiadne zlo a každý sa v prvom rade snaží o dobro ostatných. Nikto nikomu neškodí, ale navzájom si slúžia láskou. Aký je to nádherný život!

Okrem toho to, že sa netreba starať o bývanie, odev a jedlo, a skutočnosť, že tam nie sú žiadne slzy, smútok, choroby, bolesti a smrť, je šťastím samotným.

> *Zotrie im z očí každú slzu a už nebude smrti ani žiaľu; ani náreku ani bolesti viac nebude, lebo prvé sa pominulo* (Zjv 21, 4).

Môžete tiež vidieť, že rovnako ako sú vodcovia medzi anjelmi, existuje hierarchia medzi ľuďmi v raji, t.j. zástupcovia a zastúpení. Pretože skutky viery každého človeka sú rôzne, tí, ktorí majú relatívne väčšiu vieru, sú menovaní za zástupcov a starajú sa o miesto alebo o skupiny ľudí.

Títo ľudia nosia iné oblečenie ako obyčajní ľudia v raji a majú vo všetkom prednosť. Toto nie je nič nespravodlivé, ale je to udelené nezaujatou Božou spravodlivosťou odmeniť ľudí podľa skutkov.

Pretože v nebi neexistuje žiadna žiarlivosť alebo závisť, ľudia nikdy nezávidia ani sa neurazia, ak niekto dostane lepšie veci. Namiesto toho sú šťastní a potešení, keď vidia ostatných dostávať dobré veci.

Mali by ste si uvedomiť, že raj je neporovnateľne krajším a radostnejším miestom ako táto zem.

2. Akí ľudia pôjdu do raja?

Raj je krásne miesto, ktoré je stvorené veľkou Božou láskou a milosrdenstvom. Je to miesto pre tých, ktorí si nezaslúžia byť nazývaní pravými Božími deťmi, ale spoznali Boha a uverili v Ježiša Krista, a preto nemôžu byť poslaní do pekla. A teda, akí ľudia pôjdu do raja?

Konať pokánie tesne pred smrťou

Po prvé, raj je pre tých, ktorí sa kajali tesne pred smrťou a prijali Ježiša Krista, aby boli spasení, rovnako ako zločinec, ktorý visel vedľa Ježiša. Ak si prečítate Lk 23, 39 a ďalšie verše, zistíte, že po oboch stranách Ježiša viseli dvaja zločinci. Prvý zločinec urážal Ježiša, ale druhý zločinec pokarhal prvého, konal pokánie a prijal Ježiša za svojho Spasiteľa. Potom Ježiš povedal kajúcemu sa zločincovi, že je spasený. Povedal zločincovi: „Veru, hovorím ti, dnes budeš so mnou v raji." Tento zločinec iba prijal Ježiša za svojho Spasiteľa. Ani sa nesnažil zbaviť sa hriechov, ani žiť podľa Božieho Slova. Vzhľadom k tomu, že prijal Pána tesne pred smrťou, nemal čas učiť sa o Božom Slove a podľa neho žiť.

Mali by ste si uvedomiť, že raj je pre tých, ktorí prijali Ježiša Krista, ale neurobili nič pre Božie kráľovstvo, rovnako ako tento zločinec v Lk 23.

Napriek tomu, ak si myslíte: „Prijmem Pána tesne pred smrťou a pôjdem do raja, ktorý je veľmi šťastným a krásnym miestom a nemôže byť porovnávaný s touto zemou," je to nesprávne. Boh dovolil, aby bol zločinec spasený iba preto, lebo vedel, že mal dobré srdce milovať Boha až do konca a neopustil by Ho, ani keby žil dlhšie.

Avšak, nie každý dokáže prijať Pána tesne pred smrťou a viera nemôže byť daná v jedinom okamihu. Preto je potrebné si uvedomiť vzácnosť tohto prípadu, v ktorom bol zločinec spasený tesne pred smrťou.

Aj ľudia, ktorí získajú hanebné spasenie, majú v srdciach veľa zla, aj keď sú spasení, pretože žili, ako sa im páči.

Budú naveky vďační Bohu za to, že sú v raji a vychutnávajú si večný život v nebi tým, že prijali Ježiša Krista za svojho Spasiteľa, aj keď na tejto zemi neurobili s vierou nič.

Raj je veľmi odlišný od Nového Jeruzalema, kde je Boží trón, ale skutočnosť, že nešli do pekla, ale sú spasení, ich robí šťastnými a veľmi radostnými.

Nedostatočný rast v duchovnej viere

Po druhé, aj keby ľudia prijali Ježiša Krista a mali vieru, získajú hanebné spasenie a pôjdu do raja, ak ich viera nevzrástla. Nielen noví veriaci, ale aj tí, ktorí sú už dlhú dobu veriacimi, pôjdu do raja, pokiaľ ich viera po celú dobu zostane na prvej úrovni viery.

Raz mi Boh dovolil počuť vyznanie veriacieho, ktorý bol dlhodobým veriacim a teraz je v čakárni na okraji raja.

Narodil sa v rodine, ktorá Boha vôbec nepoznala a uctievala modly. Neskôr však začal žiť kresťanský život. Ale keďže nemal pravú vieru a žil v hriechu, oslepol na jedno oko. Po prečítaní mojej knihy Ochutnať večný život pred smrťou, pochopil, čo je pravá viera, stal sa členom mojej cirkvi a neskôr išiel do neba, pretože viedol kresťanský život.

Počul som jeho vyznanie plné radosti zo spásy, pretože vstúpil do raja po tom, čo utrpel mnoho smútku, bolesti a chorôb počas života na tejto zemi.

> „Som taký slobodný a šťastný, že som tu prišiel po strate môjho tela. Neviem, prečo som sa snažil pridŕžať sa telesných vecí. Všetky boli nezmyselné. Teraz, keď už nemám pozemské telo, vidím, že držať sa telesných vecí, je nezmyselné a zbytočné.
>
> V mojom živote na zemi boli chvíle radosti a šťastia, sklamania a zúfalstva. Keď sa pozriem na seba v tomto pohodlí a šťastí, spomínam si na časy, keď som sa snažil držať sa nezmyselného života. Ale mojej duši na tomto pohodlnom mieste teraz nič nechýba a skutočnosť, že môžem byť na mieste spásy, mi dáva

veľkú radosť.

Som veľmi šťastný na tomto mieste. Cítim sa veľmi pohodlne, pretože už nemám telo a teším sa, že som po vyčerpávajúcom živote na zemi prišiel na toto pokojné miesto. Netušil som, že zbavenie sa tela poskytuje také šťastie, ale som veľmi pokojný a radostný, že som sa ho zbavil a mohol prísť na toto miesto.

Nebyť schopný vidieť, nebyť schopný chodiť a nebyť schopný robiť mnoho ďalších vecí, bolo pre mňa v tej dobe fyzickým problémom. Ale po tom, čo som získal večný život a prišiel som sem, som vďačný a šťastný, pretože cítim, že môžem byť na tomto úžasnom mieste práve vďaka všetkým tým veciam.

Miesto, kde som, nie je prvé nebeské kráľovstvo, druhé nebeské kráľovstvo, tretie nebeské kráľovstvo ani Nový Jeruzalem. Som len v raji, ale som za to veľmi vďačný a šťastný.

> Moja duša je s týmto spokojná.
> Moja duša za to vzdáva chvály.
> Moja duša je za to šťastná.
> Moja duša je za to vďačná.

Som šťastný a vďačný, pretože som skončil opustený a biedny život a môžem sa teraz tešiť z tohto pohodlného života."

Upadanie vo viere kvôli skúškam

Nakoniec, sú tam ľudia, ktorí boli verní, ale postupne z rôznych dôvodov vo viere ochladli a získali hanebné spasenie. Muž, ktorý bol starejším v mojej cirkvi, slúžil verne mnohými dielami v kostole. Takže jeho viera vyzerala navonok veľká. Ale jedného dňa náhle vážne ochorel. Nemohol ani hovoriť a prišiel prijať moju modlitbu. Namiesto toho, aby som sa modlil za uzdravenie, modlil som sa za jeho spásu. V tej dobe jeho duša veľmi trpela zo strachu z boja medzi anjelmi, ktorí sa snažili vziať ho do neba a zlými duchmi, ktorí ho chceli vziať do pekla. Ak by mal dostatočnú vieru, aby bol spasený, zlí duchovia by neboli prišli, aby ho vzali. Modlil som sa, aby som zahnal zlých duchov a modlil som sa k Bohu, aby prijal tohto muža. Hneď po modlitbe sa upokojil a rozplakal sa. Kajal sa tesne predtým, než zomrel a získal hanebné spasenie.

Podobne, aj keď ste dostali dar Ducha Svätého a boli ste menovaný do pozície diakona alebo starejšieho, bolo by hanbou v očiach Boha žiť v hriechu. Ak sa neodvrátite od tohto druhu vlažného duchovného života, Duch Svätý sa z vás postupne stratí a vy nebudete spasení.

Poznám tvoje skutky, že nie si ani studený ani horúci. Kiež by si bol studený alebo horúci! Takto, že si vlažný, ani horúci ani studený, už-už ťa vypľúvam z úst (Zjv 3, 15-16).

Preto si musíte uvedomiť, že vstúpiť do raja je hanebné spasenie a musíte byť zapálenejší v dozrievaní vašej viery.

Tento muž bol kedysi v minulosti uzdravený po obdržaní mojej modlitby a dokonca aj jeho žena sa mojou modlitbou vrátila späť k životu z prahu smrti. Počúvaním slova života, jeho rodina, ktorá mala mnoho starostí, stala sa šťastnou rodinou. Od tej doby svojou snahou dospel do verného Božieho služobníka a bol verný svojej povinnosti.

Avšak, keď cirkev čelila skúške, nesnažil sa brániť a ochraňovať cirkev, ale namiesto toho dovolil, aby boli jeho myšlienky riadené Satanom. Slová, ktoré vyšli z jeho úst, vytvorili veľký múr hriechu medzi ním a Bohom. Nakoniec už nemohol byť pod Božou ochranou a bol zasiahnutý vážnym ochorením.

Ako Boží služobník nemal pozerať ani počúvať niečo, čo bolo proti Božej pravde a vôli. No on namiesto toho chcel počúvať tie veci a šíril ich. Boh musel od neho odvrátiť svoju tvár, pretože sa odvrátil od veľkej Božej milosti, akou bolo uzdravenie z vážnej choroby.

Preto sa jeho odmeny rozpadli a nemohol získať silu, aby sa modlil. Jeho viera upadala a nakoniec dosiahla úroveň, keď si už nemohol byť istý ani spásou. Našťastie Boh sa rozpamätal na jeho minulé služby v kostole. Muž teda mohol získať hanebné spasenie, pretože mu Boh dal milosť k pokániu z toho, čo predtým vykonal.

Plný vďačnosti za spásu

Takže, aké by bolo jeho vyznanie po tom, čo bol spasený a vošiel do raja? Vzhľadom k tomu, že bol spasený na križovatke neba a pekla, počul som ho vyznávať so skutočným pokojom.

„Som spasený. Aj keď som v raji, som spokojný, pretože som bol oslobodený od všetkého strachu a utrpenia. Môj duch, ktorý by išiel dolu do tmy, prišiel do tohto krásneho a príjemného svetla."

Aká veľká bola jeho radosť po tom, čo bol oslobodený od strachu z pekla! Ale pretože získal hanebné spasenie ako starejší cirkvi, Boh mi dovolil, aby som počul jeho modlitbu pokánia, zatiaľ čo on bol v hornom podsvetí predtým, než odišiel do čakárne v raji. Aj tam konal pokánie zo svojich hriechov a poďakoval mi za moje modlitby. Tiež dal sľub Bohu, že sa bude stále modliť za cirkev a za mňa, až kým sa s Ním znovu stretne v nebi.

Od začiatku kultivácie človeka na tejto zemi bolo viac ľudí, ktorí boli kvalifikovaní na vstup do raja, ako počet všetkých ľudí, ktorí mohli vstúpiť do hociakého iného miesta v nebi.

Tí, ktorí získali hanebné spasenie a išli do raja, sú veľmi vďační a šťastní, že si môžu vychutnať pohodlie a požehnanie v raji preto, že nešli do pekla aj napriek tomu, že neviedli poriadny kresťanský život na tejto zemi.

Avšak šťastie v raji nie je porovnateľné so šťastím v Novom Jeruzaleme a je tiež veľmi odlišné od šťastia na ďalšej úrovni, v prvom nebeskom kráľovstve. Preto si musíte uvedomiť, že pre Boha je dôležitejší postoj vášho vnútorného srdca k Nemu a život podľa Božej vôle ako roky vašej viery.

Dnes mnoho ľudí žije v hriechu a zároveň tvrdia, že dostali dar Ducha Svätého. Títo ľudia môžu získať len hanebné spasenie a ísť do raja, prípadne pôjdu až do smrti, ktorou je peklo, pretože Duch Svätý sa z nich vytratí.

Alebo niektorí veriaci sa stali arogantnými po tom, čo počuli a naučili sa Božie Slovo a súdia a odsudzujú ostatných veriacich kresťanov, aj keď už dlhú dobu vedú kresťanský život. Bez ohľadu na to, akí sú nadšení a verní v Božích službách, je to zbytočné, pokiaľ si neuvedomia zlo v ich srdciach a nezbavia sa hriechov.

Preto sa v mene Pánovom modlím, aby ste vy, Božie deti, ktorí ste dostali dar Ducha Svätého, odhodili svoje hriechy a všetko zlo a snažili sa konať len v súlade s Božím Slovom.

Kapitola 7

Prvé nebeské kráľovstvo

1. Jeho krása a šťastie prevyšuje raj
2. Akí ľudia pôjdu do prvého nebeského kráľovstva?

*A každý, kto závodí,
zdržuje sa všetkého; oni preto,
aby dosiahli porušiteľný veniec,
my však neporušiteľný.*

- 1 Kor 9, 25 -

Raj je miesto pre tých, ktorí prijali Ježiša Krista, ale neurobili nič so svojou vierou. Je oveľa krajší a šťastnejší ako táto zem. A teda, o koľko krajšie bude prvé nebeské kráľovstvo, miesto pre tých ľudí, ktorí sa snažia žiť podľa Božieho Slova?

Prvé nebeské kráľovstvo je bližšie k Božiemu trónu ako je raj, ale v nebi je veľa ďalších lepších miest. Napriek tomu tí, ktorí vstúpili do prvého nebeského kráľovstva, budú spokojní s tým, čo dostali a budú šťastní. Je to ako zlatá rybka, ktorá je spokojná s akváriom a nechce nič viac.

Teraz sa pozrieme podrobnejšie na to, akým miestom je prvé nebeské kráľovstvo, ktoré je o jeden stupeň vyššie než raj, a akí ľudia tam vstúpia.

1. Jeho krása a šťastie prevyšuje raj

Vzhľadom k tomu, že raj je miestom pre tých, ktorí neurobili nič s ich vierou, nebudú tam žiadne odmeny v podobe osobných majetkov. Od prvého nebeského kráľovstva smerom nahor sú však ako odmeny dávané osobné majetky, ako sú domy a vence.

V prvom nebeskom kráľovstve ľudia žijú vo vlastných domoch a dostávajú nepominuteľné vence. Je veľkou slávou vlastniť dom v nebi, a tak každý človek v prvom nebeskom kráľovstve prežíva šťastie, ktoré nemožno porovnávať so šťastím v raji.

Krásne ozdobené súkromné domy

Súkromné rezidencie v prvom nebeskom kráľovstve nie sú samostatnými domami, ale pripomínajú apartmány alebo byty na tejto zemi. Avšak nie sú postavené z cementu či tehál, ale z nádherných nebeských materiálov, ako sú zlato a drahokamy.

Tieto domy nemajú schodiská, ale len krásne výťahy. Na tejto zemi musíte stlačiť tlačidlo, ale v nebi tieto výťahy automaticky vyjdú na vami požadované poschodie.

Medzi tými, ktorí boli v nebi, sú ľudia, ktorí tvrdia, že videli v nebi apartmány. To je preto, lebo videli prvé nebeské kráľovstvo. Tieto domy v podobe apartmánov majú všetko potrebné pre život, takže nedochádza k žiadnym nepríjemnostiam.

V nebi sú hudobné nástroje pre tých, ktorí majú radi hudbu, aby mohli hrať a knihy pre tých, ktorí radi čítajú. Každý má svoj osobný priestor, kde si môže oddýchnuť. Je naozaj útulný.

A preto je okolie v prvom nebeskom kráľovstve zariadené podľa želaní pána. Takže je oveľa krajším a šťastnejším miestom ako raj a je plný radosti a pohodlia, ktoré nikdy nemôžete okúsiť na tejto zemi.

Verejné záhrady, jazerá, bazény a podobne

Keďže domy v prvom nebeskom kráľovstve nie sú oddelenými domami, sú tam verejné záhrady, jazerá, bazény a golfové ihriská. Je to také isté, ako keď ľudia na tejto zemi, ktorí žijú v bytoch, zdieľajú verejné záhrady, tenisové kurty či bazény.

Tieto verejné zariadenia sa nikdy neopotrebujú ani nepokazia, lebo ich anjeli vždy udržiavajú v najlepšom stave.

Anjeli pomáhajú ľuďom pri používaní týchto zariadení, takže nedochádza k žiadnym komplikáciam, aj napriek tomu, že sú to verejné zariadenia.

V raji nie sú žiadni slúžiaci anjeli, ale v prvom nebeskom kráľovstve môžu ľuďom anjeli pomáhať. A preto tu ľudia zažívajú veľmi odlišný druh radosti a šťastia. Anjeli tam nie sú priradzovaní individuálnym osobám, ale starajú sa o zariadenia.

Napríklad, ak máte chuť na nejaké ovocie, zatiaľ čo sedíte na zlatej lavičke na brehu rieky vody života a rozprávate sa so svojimi blízkymi, anjeli vám ihneď prinesú ovocie a zdvorilo vám poslúžia. Pretože sú tam anjeli, ktorí pomáhajú Božím deťom, šťastie a radosť sú iné ako v raji.

Prvé nebeské kráľovstvo prevyšuje raj

Dokonca aj farby a vône kvetov a jas a krása kožušín zvierat sú odlišné od tých v raji. To je preto, lebo Boh na každom mieste v nebi zabezpečil všetko podľa stupňa viery ľudí.

Dokonca aj ľudia na tejto zemi majú rôzne štandardy krásy. Napríklad, odborníci na kvety posudzujú krásu aj jediného kvetu na základe mnohých kritérií. V nebi je vôňa kvetín v každom nebeskom príbytku iná. Dokonca aj na rovnakom mieste má každá kvetina jedinečnú vôňu.

Boh stvoril kvety takto preto, aby sa ľudia v prvom nebeskom kráľovstve cítili najlepšie, keď zacítia ich vôňu. Samozrejme, že aj ovocie na rôznych miestach neba chutí rôzne. Boh poskytol aj farby a vône každého druhu ovocia podľa úrovne každého príbytku.

Ako sa pripravíte a ako budete slúžite, keď k vám príde

významný hosť? Budete sa snažiť, aby ste vyhoveli vkusu hosťa spôsobom, ktorý by mu poskytol najviac radosti.

Podobne Boh poskytol všetko premyslene, aby boli Jeho deti po všetkých stránkach spokojné.

2. Akí ľudia pôjdu do prvého nebeského kráľovstva?

Raj je miesto v nebi pre ľudí, ktorí sú na prvej úrovni viery, sú spasení vierou v Ježiša Krista, ale neurobili nič pre Božie kráľovstvo. Tak teda, akí ľudia pôjdu do prvého nebeského kráľovstva a budú si vychutnávať večný život?

Ľudia, ktorí sa snažia žiť podľa Božieho Slova

Prvé nebeské kráľovstvo je pre tých, ktorí prijali Ježiša Krista a snažia sa žiť podľa Božieho Slova. A aj pre tých, ktorí iba prijali Pána, chodia v nedeľu do kostola a počúvajú Božie Slovo, ale nevedia, čo je v skutočnosti hriech, prečo sa majú modliť, a prečo sa musia zbaviť svojich hriechov. Podobne tí, ktorí sú na prvej úrovni viery, zažili radosť z prvej lásky zrodenia z vody a z Ducha Svätého, ale nevedia, čo je hriech a ešte nespoznali svoje hriechy.

Napriek tomu, ak dosiahnete druhú úroveň viery, s pomocou Ducha Svätého si uvedomíte hriechy a spravodlivosť. Takže sa snažíte žiť podľa Božieho Slova, ale nemôžete tak urobiť okamžite. Je to také isté, ako keď sa dieťa učí chodiť: opakovane padá a vstáva.

Prvé nebeské kráľovstvo je miestom pre tento druh ľudí, ktorí sa snažia žiť podľa Božieho Slova a dosiahnu nepominuteľné vence. Rovnako ako športovci musia hrať podľa pravidiel hry (2 Tim 2, 5-6), aj Božie deti musia v pravde bojovať dobrý boj viery. Ak budete ignorovať pravidlá duchovného sveta, ktoré sú Božím zákonom, rovnako ako atlét, ktorý nehrá podľa pravidiel, vaša viera bude mŕtva. A preto nebudete považovaný za účastníka a nedostanete žiadny veniec.

Ale každý, kto vstúpi do prvého nebeského kráľovstva, dostane veniec, pretože sa snažil žiť podľa Božieho Slova, aj keď jeho skutky neboli dostatočné. Avšak je to ešte stále hanebné spasenie. Je to preto, lebo nežili úplne v súlade s Božím Slovom, aj keď majú vieru na vstup do prvého nebeského kráľovstva.

Hanebné spasenie, ak dielo zhorí

Čo presne je „hanebné spasenie?" V 1 Kor 3, 12-15 vidíte, že dielo, ktoré človek vybudoval, buď pretrvá, alebo zhorí.

> *Či niekto na tomto základe stavia zo zlata, striebra, drahých kameňov, dreva, sena či slamy, dielo každého vyjde najavo. Ten deň to ukáže, lebo sa zjaví v ohni a oheň preskúša dielo každého, aké je. Čie dielo, ktoré naň postavil, zostane, ten dostane odmenu. Čie dielo zhorí, ten utrpí škodu, on sa však zachráni, ale tak ako cez oheň.*

„Základ" tu predstavuje Ježiša Krista a znamená, že všetko, čo budete stavať na tomto základe, bude odhalené skúškou ohňom. Na jednej strane, diela tých, ktorí majú vieru zo zlata, striebra alebo drahých kameňov, pretrvávajú aj skúšky ohňom, pretože konajú v súlade s Božím Slovom. Na druhej strane, diela ľudí, ktorí majú vieru z dreva, sena alebo slamy, zhoria pri skúške ohňom, pretože nežijú podľa Božieho Slova.

Ak prirovnáme tieto diela k úrovniam viery, zlato je piatou (najvyššou) úrovňou, striebro je štvrtou úrovňou, tretie sú drahé kamene, druhé je drevo a prvou (a aj najnižšou) úrovňou viery je seno. Drevo a seno majú život a mať vieru z dreva znamená, že človek má živú vieru, ale je slabá. Seno je však suché a nemá život, a to odkazuje na tých ľudí, ktorí nemajú žiadnu vieru.

Preto tí, ktorí nemajú vôbec žiadnu vieru, nebudú spasení. Drevo a seno, ktorých diela zhoria v skúške ohňom, patria k hanebnému spaseniu. Boh uznáva vieru zo zlata, striebra a drahých kameňov, ale nemôže uznať vieru z dreva a sena.

Viera bez skutkov je mŕtva

Niekto by si mohol myslieť: „Som už dlhú dobu kresťanom, takže som musel prejsť prvou úrovňou viery, a preto pôjdem aspoň do prvého nebeského kráľovstva." Ale ak máte pravú vieru, budete žiť podľa Božieho Slova. Z rovnakého dôvodu, ak porušíte zákon a nezbavíte sa svojich hriechov, prvé nebeské kráľovstvo, a možno aj raj, budú pre vás mimo dosah.

Biblia sa vás v Jak 2, 14 pýta: *„Bratia moji, čo osoží, keď niekto hovorí, že má vieru, ale nemá skutky? Môže ho taká viera spasiť?"* Ak nemáte skutky, nebudete spasení. Viera bez skutkov je mŕtva. Takže tí, ktorí nebojujú proti hriechom, nemôžu byť spasení, pretože sú rovnakí ako človek, ktorý dostal mínu a mal ju uloženú v šatke (Lk 19, 20-26).

„Mina" tu znamená Duch Svätý. Boh dáva Ducha Svätého ako dar tým, ktorí otvoria svoje srdcia a prijmu Ježiša Krista za svojho Spasiteľa. Duch Svätý vám pomáha uvedomiť si hriechy, spravodlivosť a súd, a pomáha vám byť spasení a ísť do neba.

Na jednej strane, ak vyznávate vieru v Boha, ale neobrezali ste si srdce ani nasledovaním túžob Ducha Svätého, ani konaním podľa pravdy, potom je zbytočné, aby Duch Svätý vo vašom srdci zostal. Na druhej strane, ak ste sa zbavili hriechov a s pomocou Ducha Svätého konáte podľa Božieho Slova, môžete sa podobať srdcu Ježiša Krista, ktoré je pravda sama o sebe.

Preto by mali Božie deti, ktoré dostali Ducha Svätého ako dar, posvätiť svoje srdcia a prinášať ovocie Ducha Svätého, aby dosiahli dokonalé spasenie.

Fyzicky verný, ale duchovne bez obriezky

Boh mi raz zjavil člena, ktorý zomrel a dostal sa do prvého nebeského kráľovstva a ukázal mi dôležitosť viery sprevádzanej skutkami. Osemnásť rokov bol verným členom finančného oddelenia cirkvi. Taktiež bol verný aj v iných Božích dielach a získal titul staršieho. Snažil sa prinášať ovocie v mnohých oblastiach a oslavoval Boha častou otázkou: „Čo ešte môžem urobiť pre Božie kráľovstvo?"

Napriek tomu však nebol veľmi úspešný, pretože niekedy zneuctil Boha tým, že zišiel zo správnej cesty, pretože jeho telesné myšlienky a srdce vyhľadávali vlastné dobro. Taktiež robil nečestné poznámky, hneval sa s ostatnými ľuďmi a mnohými spôsobmi neposlúchol Božie Slovo.

Inými slovami, pretože bol fyzicky verný, ale neobrezal svoje srdce – čo je najdôležitejšia vec – zostal na druhej úrovni viery. Okrem toho, ak by jeho finančné a medziľudské problémy pretrvávali, nebol by si zachoval vieru a priklonil by sa k neprávosti.

Nakoniec, pretože by mu rozsah úpadku vo viere neumožnil ani vstup do raja, Boh povolal jeho dušu v najlepšom čase.

Pomocou duchovnej komunikácie po jeho smrti, vyjadril svoju vďačnosť a ľutoval mnoho vecí. Konal pokánie za to, že zranil city Božích služobníkov tým, že nekonal podľa pravdy, spôsobil pád ďalších ľudí, mnohých urazil a nekonal podľa Božieho Slova ani po jeho vypočutí. Tiež povedal, že vždy cítil tlak, pretože nekonal dôkladné pokánie zo svojich chýb, keď bol na tejto zemi, ale teraz bol radostný, pretože mohol vyznať svoje hriechy.

Tiež povedal, že bol rád, že ako starejší neskončil v raji. Aj to, že je ako starejší v prvom nebeskom kráľovstve, je hanebné, ale cíti sa oveľa lepšie, pretože prvé nebeské kráľovstvo je oveľa slávnejšie než raj.

Preto si musíte uvedomiť, že najdôležitejším nie sú fyzická vernosť a tituly, ale obrezať si srdce.

Boh vedie Jeho deti k lepšiemu nebu prostredníctvom skúšok

Rovnako ako je nutný tvrdý a dlhý tréning, aby športovec vyhral, aj vy musíte čeliť skúškam, aby ste v nebi získali lepší príbytok. Boh dopúšťa skúšky na Jeho deti, aby ich doviedol do lepšieho príbytku v nebi a tieto skúšky môžu byť rozdelené do troch kategórií.

Po prvé, sú to skúšky na zbavenie sa hriechov. Aby ste sa stali pravými Božími deťmi, musíte bojovať proti hriechu až po krvipreliatie, aby ste sa úplne zbavili hriechov. Boh niekedy trestá svoje deti, pretože sa nesnažia zbaviť hriechov, ale naopak, zotrvávajú v hriechu (Hebr 12, 6). Rovnako ako rodičia niekedy trestajú svoje deti, aby ich viedli správnym smerom, Boh niekedy dopúšťa skúšky na Jeho deti, aby boli dokonalé.

Po druhé, sú to skúšky na vytvorenie dokonalej nádoby a získanie požehnaní. Dávid, aj keď bol len malý chlapec, zachránil ovcu tým, že zabil medveďa a leva, ktorí napadli jeho stádo. Mal takú veľkú vieru, že zabil aj Goliáša, ktorého sa bálo celé izraelské vojsko, prakom a kameňom spoliehaním sa len na Boha. Dôvodom, prečo aj naďalej musel čeliť skúškam, ako napríklad, prenasledovaniu kráľom Saulom, bolo to, že Boh dovolil tieto skúšky, aby z Dávida urobil veľkú nádobu a veľkého kráľa.

Po tretie, sú to skúšky na skoncovanie s lenivosťou, pretože ľudia môžu byť od Boha vzdialení, ak sú v pokoji. Napríklad, niektorí ľudia, ktorí sú verní v Božom kráľovstve, získajú finančné požehnanie. Potom sa však prestanú modliť a ich nadšenie pre Boha ochladne. Ak by ich Boh nechal tak, mohli by padnúť do pazúrov smrti. A preto dopúšťa na nich skúšky, aby ich myseľ bola znova jasná.

Mali by ste sa zbaviť hriechov, konať spravodlivo a byť dokonalými nádobami pred Bohom tým, že pochopíte Božie srdce, ktoré dopúšťa skúšky viery. Dúfam, že v plnej miere dostanete úžasné požehnania, ktoré pre vás Boh pripravil.

Niekto by mohol povedať: „Chcem sa zmeniť, ale nie je to

jednoduché, aj keď sa snažím." Ale toto nehovorí preto, že je naozaj ťažké zmeniť sa, ale skôr preto, že mu hlboko v srdci chýba nadšenie a vášeň pre zmenu.

Ak naozaj duchovne pochopíte Božie Slovo a pokúsite sa zmeniť z vnútra vášho srdca, zmeníte sa rýchlo, pretože Boh vás obdarí milosťou a silou. Duch Svätý vám tiež pomôže na tejto ceste. Ak máte Božie Slovo uložené v hlave len ako vedomosť, ale nekonáte podľa neho, je pravdepodobné, že sa stanete pyšnými a domýšľavými a bude pre vás ťažké byť spasení.

Preto sa v mene Pánovom modlím, aby ste nestratili nadšenie a radosť svojej prvej lásky a pokračovali v nasledovaní túžob Ducha Svätého, aby ste dosiahli v nebi lepšie miesto.

Kapitola 8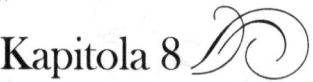

Druhé nebeské kráľovstvo

1. Každý dostane krásny dom
2. Akí ľudia pôjdu do druhého nebeského kráľovstva?

*Starších, čo sú medzi vami,
prosím ako spolustarší
a svedok Kristových utrpení,
ale aj účastník jeho slávy,
ktorá sa má v budúcnosti zjaviť:
Paste Božie stádo, ktoré je u vás;
starajte sa oň nie z prinútenia,
ale dobrovoľne,
podľa Božej vôle, nie pre mrzký zisk,
ale ochotne;
nie ako páni nad dedičným podielom,
ale ako vzor stáda.
A keď sa zjaví Najvyšší pastier,
dostanete nevädnúci veniec slávy.*

- 1 Pt 5, 1-4 -

Na jednej strane, bez ohľadu na to, koľko ste toho o nebi počuli, bude to zbytočné, pokiaľ si to neuvedomíte vo svojom srdci, pretože inak tomu neuveríte. Rovnako ako vták uchytí semeno zasiate na kraji cesty, nepriateľ Satan a diabol uchytí slovo o nebeskom kráľovstve z vášho srdca (Mt 13, 19).

Na druhej strane, ak budete počúvať Slovo o nebeskom kráľovstve a pochopíte ho, môžete žiť život viery a nádeje a prinášať úrodu, tridsaťnásobok, šesťdesiatnásobok alebo stonásobok toho, čo bolo zasiate. Pretože konáte podľa Božieho Slova, môžete nielen splniť svoju povinnosť, ale tiež byť svätí a verní v celom Božom dome. Tak teda, akým miestom je druhé nebeské kráľovstvo a akí ľudia tam pôjdu?

1. Každý dostane krásny dom

Už som vysvetlil, že tí, ktorí idú do raja alebo do prvého nebeského kráľovstva, sú hanebne spasení, pretože ich diela neobstoja v skúškach ohňom. Avšak tí, ktorí pôjdu do druhého nebeského kráľovstva, majú druh viery, ktorú skúšky ohňom nezničia a dostanú odmeny podľa Božej spravodlivosti, ktorá odmeňuje podľa toho, čo bolo zasiate. A tieto odmeny nemožno porovnávať s odmenami v raji alebo v prvom nebeskom kráľovstve.

Preto, ak je šťastie človeka, ktorý vstúpil do prvého nebeského kráľovstva, prirovnávané k šťastiu zlatej rybky v akváriu, šťastie toho, ktorý vstúpil do druhého nebeského kráľovstva, môžeme prirovnať k šťastiu veľryby v obrovskom Tichom oceáne.

Teraz sa pozrime na charakteristiku druhého nebeského kráľovstva a zameriame sa na domy a tamojší život.

Každý dostane jednoposchodový dom

Domy v prvom nebeskom kráľovstve sú ako byty, ale domy v druhom nebeskom kráľovstve sú úplne oddelené súkromné jednoposchodové budovy. Domy v druhom nebeskom kráľovstve nemôžu byť porovnávané so žiadnym krásnym domom, chatou alebo letným domčekom na tomto svete. Sú veľké, krásne a sú vkusne ozdobené kvetmi a stromami.

Ak pôjdete do druhého nebeského kráľovstva, dostanete nielen dom, ale aj vašu najobľúbenejšiu vec. Ak chcete bazén, dostanete jeden krásne ozdobený zlatom a všetkými druhmi drahokamov. Ak chcete krásne jazero, dostanete jazero. Ak chcete tanečnú sálu, dostanete tanečnú sálu. Ak máte radi prechádzky, dostanete krásnu cestu plnú krásnych kvetín a rastlín, okolo ktorých sa bude hrať mnoho zvierat.

Avšak, aj keď chcete bazén, jazero, tanečnú sálu, cestu, a tak ďalej, môžete mať len jednu vec, a to tú, po ktorej túžite najviac. Keďže ľudia v druhom nebeskom kráľovstve vlastnia rôzne veci, navzájom sa navštevujú a užívajú si všetko spoločne.

Ak si ten, kto má tanečnú sálu, ale nemá bazén, chce zaplávať, môže navštíviť svojho suseda, ktorý má bazén a zaplávať si u neho. V nebi si ľudia navzájom slúžia a nikdy sa necítia obťažovaní ani neodmietnu žiadneho návštevníka. Namiesto toho budú radostnejší a šťastnejší. Takže, ak si chcete užiť niečo, čo nemáte, môžete navštíviť svojich susedov a tešiť sa z toho u nich.

Druhé nebeské kráľovstvo je tiež po všetkých stránkach oveľa lepšie ako prvé nebeské kráľovstvo. Samozrejme, že nemôže byť porovnávané s Novým Jeruzalemom. Nie sú tam anjeli, ktorí by individuálne slúžili každému Božiemu dieťaťu. Veľkosť, krása a nádhera domov je odlišná, ako aj materiál, farba a jas drahokamov, ktoré zdobia tieto domy.

Menovky na dverách s krásnym a veľkolepým svetlom

Dom v druhom nebeskom kráľovstve je jednoposchodová budova s menovkou na dverách. Menovka uvádza meno majiteľa domu, v niektorých špeciálnych prípadoch uvádza aj názov cirkvi, v ktorej vlastník slúžil. Je to napísané na menovke, z ktorej jasne vyžaruje najkrajšie a nádherné svetlo spolu s menom majiteľa, napísané nebeským písmom, ktoré je podobné arabčine alebo hebrejčine. Takže ľudia v druhom nebeskom kráľovstve budú hovoriť: „Aha! To je dom toho a toho, ktorý slúžil v takej a takej cirkvi!"

Prečo bude napísaný názov konkrétnej cirkvi? Boh to robí tak preto, aby meno danej cirkvi znamenalo hrdosť a slávu pre tých, ktorí jej slúžili, a ktorí vybudovali veľkú svätyňu na prijatie Pána pri Jeho druhom príchode vo vzduchu.

Ale domy v treťom nebeskom kráľovstvo a v Novom Jeruzaleme nemajú na dverách menovky. Ani v jednom z týchto kráľovstiev nie je veľa ľudí a vďaka unikátnemu svetlu a vôni, ktoré vychádzajú z domov, spoznáte, komu tieto domy patria.

Ľútosť nad neúplnou svätosťou

Niektorí ľudia sa môžu čudovať: „Nebude to v nebi nepohodlné, keďže v raji nie sú žiadne súkromné domy a v druhom nebeskom kráľovstve ľudia môžu vlastniť len jednu vec?" V nebi však nie je nič nedostatočné alebo nepohodlné. Ľudia sa nikdy necítia nepohodlne, pretože žijú spolu. Nie sú lakomí pri zdieľaní toho, čo vlastnia s ostatnými ľuďmi. Sú len vďační za to, že sa môžu deliť o všetko s ostatnými a považujú to za zdroj veľkého šťastia.

Taktiež neľutujú, že vlastnia iba jednu vec ani si navzájom závidia veci, ktoré vlastnia iní. Namiesto toho sú vždy hlboko dojatí a vďační Bohu Otcovi za to, že im dal oveľa viac, než si zaslúžili a vždy sú spokojní s nemennou radosťou a potešením.

Jediná vec, ktorú ľutujú je to, že sa nesnažili viac a nestali sa úplne svätými, keď žili na tejto zemi. Keď stoja pred Bohom, cítia ľútosť a hanbu, pretože nezavrhli všetko zlo v sebe. Aj keď vidia ľudí, ktorí vstúpili do tretieho nebeského kráľovstva a Nového Jeruzalema, nezávidia im ich veľké domy ani nádherné odmeny, ale cítia ľútosť nad tým, že sa sami nestali úplne svätí.

Pretože Boh je spravodlivý, On vás nechá žať, čo ste zasiali a odmeňuje vás podľa toho, čo ste urobili. Preto, ak sa stanete svätými a budete verní na tejto zemi, Boh vám v nebi dá príbytok a odmeny. V závislosti od miery, do akej žijete podľa Božieho Slova, On vás podľa toho hojne odmení.

Ak ste žili úplne v súlade s Božím Slovom, dá vám v plnej miere v nebi čokoľvek, čo budete chcieť. Avšak, ak nežijete úplne podľa Božieho Slova, On vás odmení iba za to, čo ste urobili, ale stále hojne.

Preto bez ohľadu na to, do akej úrovne neba vstúpite, budete vždy vďačný Bohu za to, že ste dostali oveľa viac, než je to, čo ste urobili na tejto zemi a budete navždy žiť v šťastí a radosti.

Veniec slávy

Boh, ktorý odmeňuje hojne, dáva ľuďom v prvom nebeskom kráľovstve veniec, ktorý nikdy nepominie. Aký typ venca je odmeňovaný v druhom nebeskom kráľovstve?

Aj keď ľudia neboli úplne svätí, vzdali slávu Bohu plnením ich povinností. A tak dostanú veniec slávy. Ak si prečítate 1 Pt 5, 1-4, zistíte, že veniec slávy je odmena pre tých ľudí, ktorí boli príkladom tým, že žili verne podľa Božieho Slova.

> *Starších, čo sú medzi vami, prosím ako spolustarší a svedok Kristových utrpení, ale aj účastník jeho slávy, ktorá sa má v budúcnosti zjaviť: Paste Božie stádo, ktoré je u vás; starajte sa oň nie z prinútenia, ale dobrovoľne, podľa Božej vôle, nie pre mrzký zisk, ale ochotne; nie ako páni nad dedičným podielom, ale ako vzor stáda. A keď sa zjaví Najvyšší pastier, dostanete nevädnúci veniec slávy.*

Dôvod, prečo hovorí: „nevädnúci veniec slávy" je to, že každý veniec v nebi je večný a nikdy nezvädne. Musíte si uvedomiť, že nebo je dokonalým miestom, kde je všetko večné, a ani jeden veniec nezvädne.

2. Akí ľudia pôjdu do druhého nebeského kráľovstva?

Okolo Soulu, hlavného mesta Kórejskej republiky, sú satelitné mestá a okolo týchto miest sú malé mestá. Rovnako aj v nebi okolo tretieho nebeského kráľovstva, v ktorom je Nový Jeruzalem, je druhé nebeské kráľovstvo, prvé nebeské kráľovstvo a raj.

Prvé nebeské kráľovstvo je pre tých ľudí, ktorí sú na druhej úrovni viery a snažia sa žiť podľa Božieho Slova. Aký druh ľudí pôjde do druhého nebeského kráľovstva? Ľudia na tretej úrovni viery, ktorí žijú podľa Božieho Slova, vstúpia do druhého nebeského kráľovstva. Pozrime sa teraz podrobne na to, aký druh ľudí pôjde do druhého nebeského kráľovstva.

**Druhé nebeské kráľovstvo:
Miesto pre ľudí, ktorí nie sú úplne svätí**

Do druhého nebeského kráľovstva môžete vstúpiť, ak žijete podľa Božieho Slova a ste verní vašim povinnostiam, ale vaše srdce ešte nie je úplne sväté.

Ak ste pekní, inteligentní a múdri, budete samozrejme chcieť, aby sa vaše deti podobali na vás. Rovnakým spôsobom Boh, ktorý Je svätý a dokonalý, chce, aby sa Mu Jeho skutočné deti podobali. Chce deti, ktoré Ho milujú a zachovávajú prikázania – poslúchajú príkazy, pretože Ho milujú a nie zo zmyslu pre povinnosť. Rovnako ako robíte aj veľmi ťažké veci, ak niekoho skutočne milujete, ak naozaj vo svojom srdci milujete Boha, budete poslúchať všetky Jeho prikázania s radosťou v srdci.

Bezpodmienečne s radosťou a vďakou budete dodržiavať všetko, o čom vám hovorí, aby ste dodržiavali, zbavíte sa toho, o čom vám hovorí, aby ste sa zbavili, nebudete robiť to, čo vám zakazuje a budete robiť to, čo hovorí, aby ste robili. Ale tí, ktorí sú na tretej úrovni viery nemôžu konať v súlade s Božím Slovom s úplnou radosťou a vďakou v srdciach, pretože ešte nedosiahli túto úroveň lásky.

V Biblii sú popísané skutky tela (Gal 5, 19-21) a túžby tela (Rim 8, 5). Keď konáte zlo, ktoré je vo vašom srdci, to sa nazýva skutok tela. Hriech, ktorý je v srdci, ale ešte sa neuskutočnil, nazýva sa túžba tela.

Ľudia na tretej úrovni viery už zavrhli všetky skutky tela, ktoré sú navonok viditeľné, ale v srdciach ešte stále majú túžby tela. Dodržali to, o čom Boh hovorí, aby dodržiavali, zbavili sa toho, o čom Boh hovorí, aby sa zbavili, nerobia to, čo Boh zakazuje a robia to, čo Boh prikazuje. Napriek tomu zlo z ich sŕdc ešte nie je úplne odstránené.

Ak budete vykonávať vašu povinnosť so srdcom neúplne svätým, pôjdete do druhého nebeského kráľovstva. „Byť svätý" odkazuje na stav, v ktorom ste odvrhli všetko zlo a v srdci máte len dobro.

Napríklad, povedzme, že nenávidíte nejakého človeka. Práve ste si vypočuli Božie Slovo: „Neprechovávajte nenávisť" a snažíte sa ho prestať nenávidieť. A postupne ho prestanete nenávidieť. Avšak, ak ho v srdci skutočne nemilujete, ešte nie ste svätí.

Preto, aby vaša viera vzrástla z tretej úrovne na štvrtú úroveň miery viery, musíte sa snažiť zbaviť sa hriechov až po krvipreliatie.

Ľudia, ktorí Božou milosťou splnili svoju povinnosť

Druhé nebeské kráľovstvo je miesto pre tých ľudí, ktorí v srdciach nedosiahli úplnú svätosť, ale splnili Bohom dané povinnosti. Pozrime sa na typ ľudí, ktorí pôjdu do druhého nebeského kráľovstva prostredníctvom prípadu ženy, ktorá zomrela, keď slúžila Manminskej Joong-angskej (centrálnej) cirkvi.

Spolu s manželom prišla do Manminskej centrálnej cirkvi v roku jej založenia. Trpela vážnym ochorením, ale uzdravila sa po prijatí mojej modlitby a jej rodinní príslušníci sa stali veriacimi. Dozreli vo viere a ona sa stala vedúcou diakonkou, jej manžel sa stal starejším a ich deti vyrástli a slúžili Pánovi ako minister, pastorova žena a misionár chvál.

Ale ona neodhodila všetky druhy zla a neplnila svoju povinnosť dôkladne, no konala pokánie vďaka Božej milosti, splnila svoje povinnosti a zomrela. Boh mi povedal, že pôjde do druhého nebeského kráľovstva a dovolil mi s ňou duchovne komunikovať.

Keď vstúpila do neba, najviac ju mrzelo to, že nezavrhla všetky hriechy, aby bola úplne svätá a to, že v skutočnosti neďakovala zo srdca jej pastierovi, ktorý sa za ňu modlil, aby ju vyliečil a s láskou ju viedol.

Tiež si myslela, že vzhľadom k tomu, čo svojou vierou dokázala, ako slúžila Pánovi a slová, ktoré ústami vyznávala, mohla vstúpiť len do prvého nebeského kráľovstva. Avšak, keď už jej na tomto svete nezostávalo veľa času, prostredníctvom milujúcej modlitby jej pastiera a jej skutkov, ktoré potešili Boha, jej viera rýchlo vzrástla a mohla vstúpiť do druhého nebeského kráľovstva.

Pred smrťou jej viera v skutočnosti vzrástla veľmi rýchlo. Sústredila sa na modlitbu a rozniesla tisíce cirkevných novín po celom jej okolí. Nestarala sa o seba, ale len verne slúžila Pánovi.

Rozprávala mi o svojom dome, v ktorom bude v nebi žiť. Povedala, že aj keď je to jednoposchodová budova, je tak krásne ozdobená nádhernými kvetmi a stromami a je taká veľká a nádherná, že nemôže byť prirovnaná k žiadnemu domu na tejto zemi.

Samozrejme, že v porovnaní s domami v treťom nebeskom kráľovstve a v Novom Jeruzaleme, je to ako chatrč so slamenou strechou, ale bola veľmi vďačná a spokojná, pretože si to nezaslúžila. Nasledujúci odkaz chcela nechať svojej rodine, aby vstúpili do Nového Jeruzalema.

„Nebo je presne rozdelené. Sláva a svetlo sú odlišné na každom mieste, a tak ich znova a znova žiadam a povzbudzujem, aby sa snažili dosiahnuť Nový Jeruzalem. Chcela by som odkázať mojej rodine, ktorí sú ešte stále na zemi, aké hanebné je neodvrhnutie všetkých hriechov pri stretnutí v nebi s naším Bohom Otcom. Odmeny, ktoré Boh dáva tým, ktorí pôjdu do Nového Jeruzalema a majestátnosť domov sú závideniahodné, ale ja by som chcela povedať, že pred Bohom je veľmi hanebné a ľútostivé, ak nezavrhnete všetko zlo. Rada by som odovzdala túto správu členom mojej rodiny, aby sa zbavili všetkého zla a vstúpili do slávneho Nového Jeruzalema."

Z tohto dôvodu vás prosím, aby ste si uvedomili, aké vzácne a dôležité je posvätenie srdca a odovzdanie každodenného života kráľovstvu a spravodlivosti Boha s nádejou na nebo, aby ste si tak mohli vynútiť vstup do Nového Jeruzalema.

Ľudia verní vo všetkom, ale neposlušní kvôli ich vlastnému nesprávnemu chápaniu spravodlivosti

Teraz sa pozrime na prípad inej osoby z mojej cirkvi, ktorá milovala Pána a verne plnila svoju povinnosť, no nemohla vojsť do tretieho nebeského kráľovstva kvôli nedostatkom vo viere.

Do Manminskej centrálnej cirkvi ju priviedla manželova choroba a stala sa veľmi aktívnym členom. Jej manžel bol odnesený do kostola na nosidlách, ale po modlitbe jeho bolesť zmizla a on vstal a chodil. Predstavte si, aká bola vďačná a radostná! Vždy vzdávala vďaky Bohu, lebo uzdravil jej manžela z choroby a aj slúžiacemu pastorovi, ktorý sa s láskou modlil. Bola vždy verná. Modlila sa za Božie kráľovstvo a stále sa s vďakou modlila za svojho pastiera, či kráčala, sedela, stála alebo varila.

A pretože milovala bratov a sestry v Kristovi, potešovala, povzbudzovala a starala sa o ostatných veriacich. Chcela žiť len podľa Božieho Slova a snažila sa odhodiť všetky hriechy až po krvipreliatie. Nikdy nezávidela a netúžila po svetskom majetku, sústredila sa len na hlásanie evanjelia blízkym.

Pretože bola verná Božiemu kráľovstvu, moje srdce bolo inšpirované Duchom Svätým pri pohľade na jej lojalitu a požiadal som ju, aby viedla bohoslužby v mojej cirkvi. Veril som, že ak svedomito splní túto povinnosť, potom všetci členovia jej rodiny, vrátane jej manžela, dosiahnu duchovnú vieru.

Ale ona neposlúchla, pretože hľadela na okolnosti a pohltili ju telesné myšlienky. O niečo neskôr zomrela. Zlomilo mi to srdce, a zatiaľ čo som sa modlil k Bohu, prostredníctvom duchovnej komunikácie som počul jej vyznanie.

„Aj keď budem znova a znova konať pokánie z neposlúchnutia môjho pastiera, čas sa nedá vrátiť. Teraz sa ešte viac modlím za Božie kráľovstvo a za svojho pastiera. Jedna vec, ktorú musím povedať, moji drahí bratia a sestry, je, že pastier hlása Božiu vôľu. Neposlúchnuť Božiu vôľu a hnev sú najväčšími hriechmi. Z tohto dôvodu ľudia čelia problémom, a ja som dostala pochvalu za to, že som sa nikdy nehnevala, ale pokorila svoje srdce a snažila sa všetko celým srdcom dodržiavať. Som tá, ktorá trúbi na Pánovej trúbke. Blíži sa deň, keď sa stretneme, drahí bratia a sestry. Len zúfalo dúfam, že moji drahí bratia a sestry majú jasnú myseľ a nič im nechýba, a tak sa tiež môžu tešiť na tento deň."

Vyznala toho oveľa viac a povedala mi, že dôvod, prečo nemohla ísť do tretieho nebeského kráľovstva, bola jej neposlušnosť.

„Bolo zopár prípadov, kedy som neposlúchla, až kým som došla k tomuto kráľovstvu. Niekedy som pri počúvaní posolstiev hovorila: „Nie, nie, nie." Nechcela som svedomito plniť svoju povinnosť. Pretože som si myslela, že budem plniť svoju povinnosť, keď sa moja situácia zlepší, spoliehala som sa na moje telesné myšlienky. V očiach Boha to bola veľká chyba."

Tiež povedala, že závidela ministrom a tým, ktorí sa starali o financie cirkvi, zakaždým, keď ich videla, pretože si myslela, že ich odmeny v nebi budú veľmi veľké. Povedala však, že keď prišla do neba, zistila, že to tak nie je.

„Nie! Nie! Nie! Iba tí, ktorí konajú podľa Božej vôle získajú veľké odmeny a požehnania. V prípade, že urobia chybu predstavitelia, je to oveľa väčší hriech, ako keď chybu urobí radový člen. Musia sa viac modliť. Predstavitelia musia byť vernejší. Musia lepšie učiť. Musia mať schopnosť rozoznávať. To je dôvod, prečo je napísané v jednom zo štyroch evanjelií, že slepec vedie slepca. Význam slova „nech sa mnohí z vás stanú učiteľmi," človek bude požehnaný, keď sa vo svojej pozícii snaží o to najlepšie. Blíži sa deň, keď sa všetci stretneme vo večnom kráľovstve ako Božie deti. Preto by mal každý zavrhnúť všetky skutky tela, stať sa spravodlivým a mať správnu kvalifikáciu Pánovej nevesty bez akejkoľvek hanby, keď bude stáť pred Bohom."

Preto si musíte uvedomiť, aké dôležité je posvätenie srdca a poslušnosť, nie zo zmyslu pre povinnosť, ale s radosťou v srdci a s láskou k Bohu. Okrem toho by ste nemali byť ľuďmi, ktorí iba chodia do kostola, ale obzrite sa za seba, aby ste videli, aký druh nebeského kráľovstva by ste dosiahli, ak by si Otec vašu dušu povolal teraz.

Mali by ste sa snažiť byť verní vo všetkých vašich povinnostiach a žiť podľa Božieho Slova, aby ste boli úplne svätí a mali všetky potrebné kvalifikácie na vstup do Nového Jeruzalema.

1 Kor 15, 41 hovorí, že sláva, ktorú dostane každý človek v nebi, bude rozdielna. Hovorí: „*Iný je jas slnka, iný jas mesiaca a iný jas hviezd; veď hviezda sa od hviezdy líši jasom.*"

Všetci tí, ktorí sú spasení, majú večný život v nebi. Ale v závislosti na miere viery niektorí pôjdu do raja, zatiaľ čo iní pôjdu do Nového Jeruzalema. Rozdiel v sláve je taký veľký, že sa nedá opísať.

Preto sa v mene Pánovom modlím, aby ste nezostali veriacimi len preto, aby ste boli spasení, ale ako farmár, ktorý predal všetok majetok, aby kúpil pole a vykopal poklad, žili úplne podľa Božieho Slova a zbavili sa všetkého zla, aby ste dosiahli Nový Jeruzalem a získali slávu, ktorá tam svieti ako slnko.

Kapitola 9

Tretie nebeské kráľovstvo

1. Každému Božiemu dieťaťu slúžia anjeli
2. Akí ľudia pôjdu do tretieho nebeského kráľovstva?

Blahoslavený muž, ktorý vydrží skúšku,
lebo keď sa osvedčí,
dostane veniec života,
ktorý Boh prisľúbil tým,
čo ho milujú.

- Jak 1, 12 -

Boh je Duch a Je dobro, svetlo a láska. To je dôvod, prečo chce, aby Jeho deti zavrhli všetky hriechy a všetko zlo. Ježiš, ktorý prišiel na tento svet v ľudskom tele, je bezchybný, pretože On je Boh. Takže akým človekom by ste sa mali stať, ak chcete byť nevestou Pána?

Aby ste sa stali pravými Božími deťmi a nevestami Pána, ktoré sa budú naveky deliť o pravú lásku s Bohom, musíte sa podobať najsvätejšiemu Božiemu srdcu a byť svätí odhodením všetkého zla.

Tretie nebeské kráľovstvo, ktoré je miestom pre Božie deti, ktoré sú sväté a podobajú sa Božiemu srdcu, je veľmi odlišné od druhého nebeského kráľovstva. Pretože Boh nenávidí zlo a tak veľmi miluje dobro, veľmi zvláštnym spôsobom zaobchádza s Jeho svätými deťmi. Tak teda, čo je to za miesto to tretie nebeské kráľovstvo, a do akej miery máte Boha milovať, aby ste sa tam dostali?

1. Každému Božiemu dieťaťu slúžia anjeli

Domy v treťom nebeskom kráľovstve sú oveľa veľkolepejšie a úžasnejšie ako jednoposchodové domy v druhom nebeskom kráľovstve. Sú ozdobené mnohými druhmi drahokamov a majú všetky zariadenia, po ktorých ich majitelia túžia.

Navyše, od tretieho nebeského kráľovstva vyššie, každý človek dostane anjelov, ktorí mu budú slúžiť len tými najlepšími vecami, a ktorí budú milovať a zbožňovať svojho pána.

Súkromne slúžiaci anjeli

V Hebr 1, 14 je napísané: *„Či nie sú všetci služobnými duchmi, poslanými slúžiť tým, čo majú dostať do dedičstva spásu?"* Anjeli sú iba spirituálne bytosti. Ich postava pripomína ľudskú bytosť ako jedno z Božích stvorení, ale nemajú mäso a kosti a manželstvo alebo smrť pre nich nič neznamená. Nemajú osobnosť ako ľudské bytosti, ale ich vedomosti a sila sú oveľa väčšie ako u ľudí (2 Pt 2, 11).

Ako hovorí Hebr 12, 22 o myriadách anjelov, v nebi je nespočetné množstvo anjelov. Boh anjelov zoradil a dal im hodnosť, pridelil im rôzne úlohy a dal im rôzne právomoci v závislosti od ich úloh.

Takže v nebi sú rozdiely medzi anjelmi, ako napríklad, anjel, nebeský zástup a archanjel. Napríklad, Gabriel, ktorý slúži ako civilný úradník, prichádza k vám s odpoveďou na vaše modlitby alebo s Božími plánmi a zjaveniami (Dan 9, 21-23; Lk 1, 19; 1, 26-27). Archanjel Michal, ktorý je ako vojenský dôstojník, je kniežaťom nebeskej armády. Riadi bitky proti zlým duchom a niekedy sám preruší boje v temnote (Dan 10, 13-14; 10, 21; Jdt 1, 9; Zjv 12, 7-8).

Okrem týchto anjelov sú tam anjeli, ktorí slúžia svojim pánom súkromne. V raji, v prvom a v druhom nebeskom kráľovstve sú anjeli, ktorí niekedy pomáhajú Božím deťom, ale nie sú tam žiadni anjeli, ktorí slúžia pánom súkromne. Sú tam len anjeli, ktorí sa starajú o trávnik, o cesty z kvetov alebo o verejné zariadenia a zaisťujú, že nedochádza k žiadnym nepríjemnostiam. A tiež sú tam anjeli, ktorý prinášajú Božie správy.

Ale tí, ktorí sú v treťom nebeskom kráľovstve a v Novom

Jeruzaleme, dostanú vlastných anjelov ako odmenu, pretože veľmi milujú Boha a potešujú Ho. Počet pridelených anjelov sa líši v závislosti od miery, do akej sa podobajú Bohu, a s akou poslušnosťou Ho potešovali.

Ak má niekto veľký dom v Novom Jeruzaleme, dostane nespočetné množstvo anjelov, pretože to znamená, že majiteľ sa podobá Božiemu srdcu a viedol mnoho ľudí k spáse. Dostane anjelov, ktorí sa budú starať o dom, anjelov, ktorí sa budú starať o zariadenia a veci, ktoré získa ako odmenu, a ďalších anjelov, ktorí mu budú slúžiť súkromne. Bude tam presne toľko anjelov.

Ak pôjdete do tretieho nebeského kráľovstva, dostanete nielen anjelov, ktorí vám budú slúžiť súkromne, ale aj anjelov, ktorí sa budú starať o váš dom a takých, ktorí budú vrátnikmi a budú sa starať o návštevníkov. Ak pôjdete do tretieho nebeského kráľovstva, budete Bohu veľmi vďační, lebo vám dovolí naveky vládnuť, zatiaľ čo vám budú slúžiť anjeli, ktorých dostanete ako večnú odmenu.

Veľkolepý, viacposchodový súkromný dom

K domom v treťom nebeskom kráľovstve, ktoré sú ozdobené krásnymi kvetmi a stromami s nádhernou vôňou, patria aj záhrady a jazerá. V jazerách je veľa rýb a ľudia sa s nimi môžu rozprávať a deliť o lásku. Anjeli krásne hrajú a ľudia môžu spolu s nimi chváliť Boha Otca.

Na rozdiel od obyvateľov v druhom nebeskom kráľovstve, ktorí môžu mať len jeden obľúbený objekt alebo zariadenie, ľudia v treťom nebeskom kráľovstve môžu mať všetko, po čom túžia, ako napríklad, golfové ihrisko, bazén, jazero, chodník na prechádzky, tanečnú sálu, a tak ďalej. Preto nemusia navštevovať domy susedov, aby použili niečo, čo nemajú, ale môžu sa zo všetkého tešiť doma, kedykoľvek sa im zachce.

Domy v treťom nebeskom kráľovstve sú viacposchodové budovy a sú nádherné, veľkolepé a veľké. Sú ozdobené tak krásne, že žiadny miliardár na tomto svete ich nemôže napodobniť.

Mimochodom, žiadny dom v treťom nebeskom kráľovstve nemá na dverách menovku. Ľudia aj bez menovky vedia, komu dom patrí, a to vďaka unikátnej vôni, ktorá vyjadruje čisté a krásne srdce majiteľa domu.

Domy v treťom nebeskom kráľovstve majú rôzne vône a rôzny jas svetla. Čím viac sa majiteľ podobá Božiemu srdcu, tým je vôňa krajšia a svetlo jasnejšie.

V treťom nebeskom kráľovstve dostanete aj domáce zvieratá a vtáky, ktoré sú oveľa krajšie, úžasnejšie a milšie ako v prvom alebo druhom nebeskom kráľovstve. Okrem toho sú tu aj automobilové oblaky na verejné použitie a ľudia môžu cestovať po celom nekonečnom nebi, koľko sa im zachce.

Ako som už povedal, ľudia v treťom nebeskom kráľovstve môžu mať a robiť všetko, čo chcú. Život v treťom nebeskom kráľovstve je nepredstaviteľný.

Veniec života

V Zjv 2, 10 je prísľub „venca života," ktorý bude venovaný ľuďom, ktorí boli verní až do smrti pre Božie kráľovstvo.

Neboj sa toho, čo máš trpieť. Hľa, diabol niektorých z vás má uvrhnúť do väzenia, aby ste boli skúšaní; a budete desať dní v súžení. Buď verný až do smrti a dám ti veniec života.

Výraz „byť verný až do smrti" tu odkazuje nielen na vernosť s vierou stať sa mučeníkom, ale aj nerobiť kompromisy so svetom a stať sa úplne svätým odhodením všetkých hriechov až po krvipreliatie. Boh odmeňuje tých, ktorí vstúpia do tretieho nebeského kráľovstva vencom života, pretože boli verní až do smrti a prekonali všetky druhy skúšok a útrap (Jak 1, 12).

Keď ľudia z tretieho nebeského kráľovstva navštívia Nový Jeruzalem, nakreslia okrúhlu značku na pravú stranu venca života. Keď ľudia z raja, prvého alebo druhého nebeského kráľovstva navštívia Nový Jeruzalem, nakreslia značku na ľavú stranu hrudníka. Teda môžete vidieť, že sláva ľudí v treťom nebeskom kráľovstve je iná.

Avšak ľudia v Novom Jeruzaleme sú pod osobitnou starostlivosťou Boha, takže na rozlíšenie nie je potrebné žiadne označenie. Zaobchádza sa s nimi veľmi výnimočným spôsobom – ako s pravými Božími deťmi.

Domy v Novom Jeruzaleme

Domy v treťom nebeskom kráľovstve sa od domov v Novom Jeruzaleme úplne odlišujú veľkosťou, krásou a slávou.

Po prvé, ak povieme, že veľkosť najmenšieho domu v Novom Jeruzaleme je 100, veľkosť domu v treťom nebeskom kráľovstve je 60. Napríklad, ak najmenší dom v Novom Jeruzaleme má 9290 metrov štvorcových, tak dom v treťom nebeskom kráľovstve má 5574 metrov štvorcových.

Ale aj veľkosť jednotlivých domov sa líši, pretože úplne závisí od miery, do akej sa majiteľ snažil zachrániť čo najviac duší a budovať Božiu cirkev. Ako hovorí Ježiš v Mt 5, 5: „*Blahoslavení tichí, lebo oni budú dedičmi zeme,*" v závislosti od počtu duší, ktoré majiteľ domu vedie do neba tichým srdcom, bude stanovená veľkosť domu, v ktorom bude žiť.

V nebi je mnoho domov, v treťom nebeskom kráľovstve a v Novom Jeruzaleme viac než desiatky tisícov štvorcových metrov, ale aj tie najväčšie domy v treťom nebeskom kráľovstve sú oveľa menšie ako domy v Novom Jeruzaleme. Okrem veľkosti aj tvar, krása a drahokamy ozdobujúce tieto domy, sú úplne iné.

V Novom Jeruzaleme nie je v základe len dvanásť drahokamov, ale aj mnoho ďalších krásnych drahokamov. Drahokamy sú tam nepredstaviteľne veľké s prekrásnymi farbami. Je tam mnoho druhov drahokamov, ktoré nemožno všetky vymenovať a niektoré z nich žiaria dvojitým alebo dokonca trojitým jasom.

V treťom nebeskom kráľovstve je samozrejme veľa drahokamov. Ale aj napriek ich rozmanitosti, drahokamy v treťom nebeskom kráľovstve nemožno porovnávať s drahokamami v Novom Jeruzaleme. V treťom nebeskom kráľovstve neexistuje drahokam, ktorý by žiaril dvojitým, či trojitým jasom. Drahokamy v treťom nebeskom kráľovstve majú oveľa krajší jas ako drahokamy v prvom alebo druhom nebeskom kráľovstve, ale sú to len jednoduché a základné drahokamy. A dokonca aj rovnaký druh drahokamu je menej krásny ako v Novom Jeruzaleme.

To je dôvod, prečo ľudia v treťom nebeskom kráľovstve, ktorí nie sú v Novom Jeruzaleme, ktorý je plný Božej slávy, pozerajú naň a túžia tam zostať naveky.

„Len keby som sa o trochu viac snažil a
bol vernejší v celom Božom dome..."
„Len keby Otec aspoň raz vyslovil moje meno..."
„Len keby som bol ešte raz pozvaný ..."

V treťom nebeskom kráľovstve je nepredstaviteľné množstvo šťastia a krásy, ale nemôže byť porovnávané s Novým Jeruzalemom.

2. Akí ľudia pôjdu do tretieho nebeského kráľovstva?

Keď otvoríte svoje srdce a prijmete Ježiša Krista za svojho Spasiteľa, zostúpi na vás Duch Svätý a učí vás o hriechu, spravodlivosti a súde a pomáha vám pochopiť, čo je pravda. Keď dodržiavate Božie Slovo, odhodíte všetky druhy zla a stanete sa svätými, ste v stave, kedy vaša duša prosperuje – ste na štvrtej úrovni viery.

Tí, ktorí dosiahnu štvrtú úroveň viery, veľmi milujú Boha a sú Bohom milovaní a vstúpia do tretieho nebeského kráľovstva. Tak teda, aký konkrétny druh človeka má vieru, s ktorou môže vstúpiť do tretieho nebeského kráľovstva?

Stať sa svätým odhodením všetkého zla

V časoch Starého zákona ľudia nedostali dar Ducha Svätého.

A preto nemohli vlastnými silami odhodiť hriechy, ktoré mali hlboko vo vnútri srdca. To je dôvod, prečo robili fyzickú obriezku, a iba ak sa zlo uskutočnilo, považovali to za hriech. Aj keď niekto premýšľal nad vraždou niekoho iného, nebolo to považované za hriech, ak sa to nestalo. Iba ak bol tento skutok vykonaný, bol považovaný za hriech.

Avšak v časoch Nového zákona, ak prijmete Pána Ježiša Krista, Duch Svätý prichádza do vášho srdca. Do tretieho nebeského kráľovstva môžete vstúpiť iba vtedy, ak je vaše srdce sväté. Je to preto, lebo teraz môžete s pomocou Ducha Svätého obrezať svoje srdce.

Preto do tretieho nebeského kráľovstva môžete vstúpiť iba vtedy, keď odhodíte všetko zlo, ako je nenávisť, cudzoložstvo, chamtivosť, a podobne, a až potom sa stanete svätými. Čo je to za človeka, ktorý má sväté srdce? Je to človek, ktorý má druh duchovnej lásky popísanej v 1 Kor 13, deväť ovocí Ducha Svätého popísaných v Gal 5, a blahoslavenstvá popísané v Mt 5, a ktorý sa podobá svätosti Pána.

Samozrejme to neznamená, že je na rovnakej úrovni ako Pán. Bez ohľadu na to, do akej miery človek odvrhne hriechy a stáva sa svätým, jeho úroveň je veľmi odlišná od úrovne Boha, ktorý je pôvodom svetla.

Preto na to, aby bolo vaše srdce sväté, musíte najprv pripraviť dobrú pôdu vo svojom srdci. Inými slovami, mali by ste vaše srdce premeniť na dobrú pôdu tým, že nebudete robiť to, o čom Biblia hovorí, aby ste nerobili a zbavíte sa toho, čo Biblia hovorí, aby ste odhodili. Až potom, keď sú semená zasiate, budete môcť prinášať dobré ovocie. Rovnako ako aj farmár seje semená až po tom, čo pripraví pôdu. Semená zasiate vo vás vyklíčia, zakvitnú a prinesú plody, ak budete robiť to, čo Boh hovorí, aby ste robili a dodržiať to, o čom vám hovorí, aby ste zachovávali.

Preto svätosť predstavuje stav, kedy sa človek očistil od dedičného hriechu a od spáchaných hriechov dielami Ducha Svätého po tom, čo sa znovunarodil z vody a z Ducha Svätého vierou vo vykupiteľskú moc Ježiša Krista. Odpustenie hriechov na základe viery v krv Ježiša Krista, nie je to isté ako odvrhnutie hriešnej podstaty vo vás s pomocou Ducha Svätého vrúcnou modlitbou a občasným pôstom.

To, že prijmete Ježiša Krista a stanete sa Božím dieťaťom, neznamená, že sú všetky vaše hriechy zo srdca úplne odstránené. Stále je vo vás zlo, ako je nenávisť, pýcha a samoľúbosť, a to je dôvod, prečo je veľmi dôležitý proces uvedomenia si zla počúvaním Božieho Slova a boja proti nemu až po krvipreliatie (Hebr 12, 4).

To je spôsob, ako odvrhnete skutky tela a pokročíte smerom k svätosti. Stav, v ktorom ste odhodili nielen skutky tela, ale aj túžby tela zo svojho srdca, je štvrtá úroveň viery – stav svätosti.

Stať sa svätým iba po zbavení sa hriešnej podstaty

Čo sú teda hriechy v podstate človeka? Sú to všetky hriechy, ktoré kvôli Adamovej neposlušnosti človek dedí cez semená života rodičov. Napríklad, aj dieťa, ktoré nemá ešte ani rok, má zlú myseľ. Hoci ho matka nikdy neučila nijakému zlu, ako je nenávisť či závisť, dieťa sa bude hnevať a robiť zlé veci, ak bude jeho matka kojiť iné dieťa. A môže sa pokúsiť odstrčiť to druhé dieťa, začne plakať a bude plné hnevu, ak dieťa od matky neodíde.

Dôvodom, prečo dieťa preukazuje skutky zla, aj keď sa nič z toho predtým nenaučilo, je hriech v jeho podstate. Taktiež nami spáchané hriechy sú hriechy, ktoré vznikajú prejavením hriešnych túžob srdca vo fyzickej činnosti.

Samozrejme, ak ste svätí tým, že ste sa zbavili prvotného hriechu, je zrejmé, že všetky vaše spáchané hriechy budú odstránené, pretože je odstránený koreň hriechov. Preto je duchovné znovuzrodenie začiatkom svätosti a svätosť dokonalým znovuzrodením. Preto dúfam, že ak ste sa znovuzrodili, bude žiť úspešný kresťanský život na dosiahnutie svätosti.

Ak skutočne chcete byť svätí a chcete znovuobnoviť stratený Boží obraz a budete sa snažiť zo všetkých síl, potom budete schopní zbaviť sa hriešnej podstaty prostredníctvom Božej milosti a sily a s pomocou Ducha Svätého. Dúfam, že sa budete podobať svätému srdcu Boha, ako vás On vyzýva: „Buďte svätí, lebo ja som svätý" (1Pt 1, 16).

Byť svätý, ale nebyť verný v celom Božom dome

Boh mi dovolil duchovný rozhovor s osobou, ktorá už zomrela a vstúpila do tretieho nebeského kráľovstva. Brána jej domu je ozdobená klenutými perlami, pretože sa na zemi veľa modlila v smútku so slzami a s vytrvalosťou za Božie kráľovstvo a spravodlivosť a taktiež za cirkev, do ktorej patrila a za jej ministrov a členov. Bola vernou veriacou.

Predtým než spoznala Pána, bola taká chudobná a nešťastná, že nevlastnila ani kúsoček zlata. Keď prijala Pána, mohla doslova bežať k svätosti, pretože žila v pravde po tom, čo ju pochopila počúvaním Božieho Slova.

Tiež mohla dobre vykonávať svoju povinnosť, pretože získala mnoho vedomostí od ministra, ktorého Boh veľmi miluje, a ktorému dobre mu slúžila. A z tohto dôvodu mohla v treťom nebeskom kráľovstve vstúpiť na jasnejšie a krajšie miesto.

Okrem toho na bránu jej domu bude pripevnený veľmi jasný drahokam z Nového Jeruzalema. Je to drahokam, ktorý jej dal minister, ktorému na tejto zemi slúžila. Je to jeden drahokam z drahokamov v jeho obývacej izbe a dá ho na bránu jej domu, keď ju navštívi. Tento drahokam bude znamením, že mu bude chýbať, pretože nemohla vstúpiť do Nového Jeruzalema, i keď mu na tejto zemi veľmi pomohla. Mnoho ľudí v treťom nebeskom kráľovstve jej bude tento drahokam závidieť.

Avšak, aj jej je ľúto, že nemohla vstúpiť do Nového Jeruzalema. Keby mala dostatok viery na vstup do Nového Jeruzalema, bola by s Pánom, s ministrom, ktorému na tejto zemi slúžila a s ďalšími milovanými členmi jej cirkvi. Keby bola o niečo vernejšia na tejto zemi, mohla vstúpiť do Nového Jeruzalema. Ale kvôli neposlušnosti prišla o túto príležitosť.

Napriek tomu je veľmi vďačná, pretože získala vzácne odmeny, ktoré nemohla dosiahnuť vlastnými zásluhami, a tiež je hlboko dojatá slávou, ktorú v treťom nebeskom kráľovstve dostala a takto vyznáva.

„Aj keď som nemohla vstúpiť do Nového Jeruzalema, ktorý je plný Otcovej slávy, pretože som nebola vo všetkom dokonalá, mám dom v tomto krásnom treťom nebeskom kráľovstve. Môj dom je veľmi veľký a veľmi krásny. Hoci v porovnaní s domami v Novom Jeruzaleme nie je veľmi veľký, dostala som mnoho fantastických a úžasných vecí, ktoré si svet nedokáže ani predstaviť.

Neurobila som nič. Ani som nič nedala. Neurobila som nič skutočne užitočné. A neurobila som pre Pána nič radostné. Napriek tomu sláva, ktorú som tu dostala, je taká veľká, že mi to môže byť ľúto a môžem byť iba vďačná. Ďakujem Bohu aj za to, že mi dovolil prebývať na slávnejšom mieste v treťom nebeskom kráľovstve."

Ľudia s vierou mučeníkov

Rovnako ako ten, kto veľmi miluje Boha a vo svojom srdci sa stane svätým, môže vstúpiť do tretieho nebeského kráľovstva, aj vy môžete vstúpiť aspoň do tretieho nebeského kráľovstva, ak máte vieru mučeníkov, s ktorou dokážete pre Boha obetovať všetko, dokonca aj svoj život.

Členovia raných kresťanských cirkví, ktorí vytrvali vo viere, až kým neboli sťatí, hodení levom v rímskom Koloseu alebo upálení, dostanú v nebi odmenu mučeníkov. V takom ukrutnom prenasledovaní a ohrození nie je ľahké stať sa mučeníkom.

Okolo vás existuje veľa ľudí, ktorí nedodržiavajú deň Pána svätý, alebo ktorí zanedbávajú svoje Bohom dané povinnosti kvôli túžbe po peniazoch. Tento druh ľudí, ktorý nedokáže dodržiavať takéto malé veci, nikdy nevytrvá vo viere v život ohrozujúcej situácii, nieto ešte stať sa mučeníkmi.

Aký druh ľudí má vieru mučeníkov? Sú to ľudia, ktorí majú úprimné a nemenné srdce ako Daniel zo Starého zákona. Tí, ktorí sú dvojtvárni, hľadajú len vlastné dobro a robia so svetom kompromisy, majú veľmi malú šancu stať sa mučeníkmi.

Tí, ktorí sa skutočne môžu stať mučeníkmi, musia mať nemenné srdce ako Daniel. Vytrval v spravodlivosti vo viere, aj keď veľmi dobre vedel, že skončí v levovej jame. Vytrval vo viere až do posledného okamihu, keď bol prostredníctvom triku zlých ľudí uvrhnutý do levovej jamy. Daniel sa nikdy nevzdal pravdy, pretože jeho srdce bolo čisté a rýdze.

Bolo to rovnaké so Štefanom z Nového zákona. Bol ukameňovaný na smrť, zatiaľ čo kázal evanjelium Pána. Štefan bol tiež svätý muž, ktorý sa modlil aj za tých, ktorí ho kameňovali, aj napriek jeho nevine. Ako veľmi ho Pán miloval? Naveky bude s Pánom chodiť v nebi a jeho krása a sláva bude obrovská. Preto si musíte uvedomiť, že najdôležitejšie je dosiahnuť spravodlivosť a svätosť srdca.

V dnešnej dobe je len veľmi málo ľudí, ktorí majú pravú vieru. Aj Ježiš sa pýtal: *„Ale nájde Syn človeka vieru na zemi, keď príde?"* (Lk 18, 8) Akí drahí budete v Božích očiach, ak sa stanete svätými deťmi tým, že vytrváte vo viere a zbavíte sa všetkého zla na tomto svete, ktorý je plný hriechu?

Preto sa v mene Pánovom modlím, aby ste sa vrúcne modlili, a aby sa vaše srdce stalo rýchlo svätým, tešiac sa na slávu a odmeny, ktoré dostanete v nebi od Boha Otca.

Kapitola 10

Nový Jeruzalem

1. Ľudia v Novom Jeruzaleme uvidia Boha tvárou v tvár
2. Akí ľudia pôjdu do Nového Jeruzalema?

*A videl som, ako z neba od Boha
zostupuje sväté mesto, nový Jeruzalem,
vystrojené ako nevesta,
ozdobená pre svojho ženícha.*

- Zjv 21, 2 -

V Novom Jeruzaleme, ktorý je najkrajším miestom v nebi a je plný Božej slávy, je Boží trón, zámky Pána a Ducha Svätého a domy ľudí, ktorí najviac potešili Boha najvyššiou mierou viery.

Domy v Novom Jeruzaleme sú najkrajšie, podľa predstáv ich majiteľov. Na to, aby ste vstúpili do Nového Jeruzalema, ktorý je taký čistý a krásny ako krištáľ, a naveky zdieľali pravú lásku s Bohom, musíte sa nielen podobať Božiemu svätému srdcu, ale tiež úplne splniť svoju povinnosť, rovnako ako Pán Ježiš.

Akým miestom je Nový Jeruzalem a akí ľudia tam pôjdu?

1. Ľudia v Novom Jeruzaleme uvidia Boha tvárou v tvár

Nový Jeruzalem, tiež nazývaný sväté mesto v nebi, je taký krásny ako nevesta, ktorá sa pripravila pre svojho ženícha. Ľudia tam majú česť stretnúť sa s Bohom tvárou v tvár, pretože tu sa nachádza Jeho trón.

Je tiež nazývaný „mestom slávy," pretože keď vstúpite do Nového Jeruzalema, dostanete od Boha večnú slávu. Hradby sú stvorené z jaspisu a mesto z rýdzeho zlata, čistého ako sklo. Na všetkých štyroch stranách – sever, juh, východ a západ – má tri brány a každú bránu stráži anjel. Dvanásť základov mesta je ozdobených dvanástimi rôznymi drahokamami.

Dvanásť perlových brán Nového Jeruzalema

Prečo je dvanásť brán Nového Jeruzalema vyrobených z perál? Ustrica žije dlhú dobu a používa celú jej tekutinu na vyrobenie jednej perly. Podobne aj vy musíte odhodiť všetky hriechy, bojovať proti nim až po krvipreliatie a byť Bohu verní až na smrť vo vytrvalosti a sebaovládaní. Boh urobil brány z perál, pretože musíte prekonať všetky prekážky s radosťou plnením Bohom daných povinností, aj keď kráčate po úzkej ceste.

Takže keď človek, ktorý vstúpi do Nového Jeruzalema, prejde perlovou bránou, vyroní slzy radosti a vzrušenia. Vzdáva všetku neopísateľnú vďaku a slávu Bohu, ktorý ho doviedol do Nového Jeruzalema.

Prečo Boh ozdobil dvanásť základov dvanástimi rôznymi drahokamami? Je to preto, lebo kombinácia významu dvanástich drahokamov je srdcom Pána a Otca.

Preto by ste si mali uvedomiť duchovný význam každého drahokamu a v srdci ho pochopiť, aby ste vstúpili do Nového Jeruzalema. Tieto významy sú podrobne vysvetlené v mojom diele *Nebo II: Plné Božej slávy.*

Domy v Novom Jeruzaleme v dokonalej jednote a rozmanitosti

Domy v Novom Jeruzaleme pripomínajú svojou veľkosťou a veľkoleposťou hrady. Každý dom je jedinečný v súlade s požiadavkami majiteľa a je v dokonalej jednote a rozmanitosti s ostanými domami. Taktiež rôzne farby a svetlo, ktoré drahokamy vydávajú, umožňujú cítiť krásu a slávu.

Ľudia môžu spoznať, komu dom patrí už pri jedinom pohľade. Podľa svetla slávy a drahokamov, ktoré zdobia dom, ľudia môžu vidieť, do akej miery jeho majiteľ potešil Boha, keď žil na tejto zemi.

Napríklad, dom človeka, ktorý sa stal mučeníkom na tejto zemi, bude mať ozdoby a záznamy o majiteľovom srdci a úspechoch až do doby, keď sa stal mučeníkom. Záznam je vyrezaný na zlatej doske a jasne svieti. Bude tam napísané: „Majiteľ tohto domu sa stal mučeníkom a splnil vôľu Otca v deň __ v mesiaci __ v roku____."

Už v bráne môžu ľudia vidieť jasné svetlo, ktoré vyžaruje zo zlatej dosky, kde sú zaznamenané úspechy majiteľa a každý, kto to uvidí, pokloní sa. Mučeníctvo predstavuje veľmi veľkú slávu a odmeny a je hrdosťou a radosťou Boha.

Vzhľadom k tomu, že v nebi nie je žiadne zlo, ľudia automaticky sklonia hlavu v závislosti od pozície a hĺbky, do akej je dotyčný človek Bohom milovaný. A rovnako ako ľudia prinášajú pamätné dosky vďaky alebo záslužnú službu na oslavu veľkých úspechov, aj Boh dáva každému z nich pamätnú dosku na oslavu za to, že Mu vzdávali slávu. Môžete vidieť, že vôňa a svetlo sa líšia v závislosti od druhu pamätnej dosky.

Okrem toho, Boh dáva do domoch ľudí niečo, čo im môže pripomínať život na tejto zemi. Samozrejme, že aj v nebi môžete sledovať udalosti z minulosti na tejto zemi na niečom ako televízor.

Zlatý veniec alebo veniec spravodlivosti

Ak vstúpite do Nového Jeruzalema, dostanete vlastný

dom. Okrem toho, aj zlatý veniec a veniec spravodlivosti bude odmeňovaný podľa vašich skutkov. Toto je najslávnejší a najkrajší veniec v nebi.

Sám Boh odmeňuje zlatý veniec tým, ktorí vstúpia do Nového Jeruzalema. Okolo Božieho trónu je dvadsaťštyri starcov so zlatými vencami na hlavách.

Okolo trónu bolo dvadsaťštyri trónov a na trónoch sedelo dvadsaťštyri starcov odetých do bieleho rúcha a na hlavách mali zlaté vence (Zjv 4, 4).

„Starci" sa tu nevzťahuje na titul udeľovaný v pozemskej cirkvi, ale na tých ľudí, ktorí sú v očiach Boha spravodliví a Bohom uznaní. Sú svätí, v srdcia dosiahli dokonalú svätyňu a tiež dosiahli viditeľnú svätyňu. „Dosiahnuť v srdciach svätyňu" odkazuje na stav, kedy sa stanete duchovnou osobou zbavením sa všetkého zla. „Dosiahnuť viditeľnú svätyňu" znamená úplne splniť Bohom dané povinnosti na tejto zemi.

Počet „dvadsaťštyri" znamená všetkých ľudí, ktorí vstúpili cez bránu spasenia skrze vieru, rovnako ako dvanásť izraelských kmeňov a stali sa svätými ako dvanásť učeníkov Pána Ježiša. Z tohto dôvodu „dvadsaťštyri starcov" odkazuje na Božie deti, ktoré sú Bohom uznané a sú verné v celom Božom dome.

Preto tí, ktorí majú vieru zo zlata, ktorá sa nikdy nemení, dostanú zlatý veniec a tí, ktorí túžia po chvíli, kedy príde Pán, tak ako apoštol Pavol, dostanú veniec spravodlivosti.

Dobrý boj som bojoval, beh som dokončil, vieru som zachoval. Už mám pripravený veniec spravodlivosti, ktorý mi v onen deň dá Pán, spravodlivý sudca; a nielen mne, ale aj všetkým, čo milujú jeho príchod.

Tí, ktorí túžia po Pánovom príchode, samozrejme, žijú vo svetle a v pravde a budú dobre pripravenými nádobami a Božími nevestami. A podľa toho dostanú vence.
Apoštol Pavol nebol premožený žiadnym prenasledovaním ani útrapami, ale snažil sa iba o rozšírenie Božieho kráľovstva a dosiahnuť Jeho spravodlivosť vo všetkom, čo robil. Prácou a vytrvalotou dokazoval Božiu slávu, kdekoľvek šiel. To je dôvod, prečo Boh pre apoštola Pavla pripravil veniec spravodlivosti. A On ho dá všetkým, ktorí túžia po Jeho príchode ako Pavol.

Každé želanie v srdci bude splnené

Všetko, na čo ste tu na tejto zemi mysleli a čo ste radi robili, ale vzdali ste sa toho pre Pána – dostanete od Boha späť ako krásne odmeny v Novom Jeruzaleme.
Preto v domoch v Novom Jeruzaleme je všetko, po čom ste túžili, takže môžete robiť všetko, čo ste chceli robiť. Niektoré domy majú jazerá, takže sa ich majitelia môžu plaviť na lodičkách a niektoré majú les, v ktorom sa môžu prechádzať. Ľudia sa tiež môžu tešiť z konverzácie s blízkymi, sediac okolo stolíka v rohu krásnej záhrady. Niektoré domy majú lúky pokryté trávou a kvetmi, aby sa ľudia mohli prechádzať a spievať žalmy s rôznymi vtákmi a krásnymi zvieratami.
Boh v nebi pripravil všetko, čo ste chceli mať na tejto zemi bez vynechania jediného detailu. Ako hlboko sa vás to dotkne, keď uvidíte všetky tie veci, ktoré pre vás Boh pripravil s veľkou

starostlivosťou?

Už len samotná skutočnosť, že vstúpite do Nového Jeruzalema, je zdrojom šťastia. Budete naveky žiť v nemennom šťastí, sláve a kráse. Budete plní radosti a vzrušenia, keď sa pozriete na zem, na oblohu alebo na čokoľvek iné.

Ľudia cítia pokoj, pohodlie a bezpečie už len tým, že žijú v Novom Jeruzaleme, pretože Boh ho pripravil pre Jeho deti, ktoré nekonečne miluje a každý kút je naplnený Jeho láskou.

Takže nech robíte čokoľvek – či už kráčate, odpočívate, hráte sa, jete alebo rozprávate sa s inými ľuďmi – budete naplnení šťastím a radosťou. Stromy, kvety, tráva, a dokonca aj zvieratá, sú milé a vy budete cítiť veľkolepú slávu, ktorá vyžaruje zo stien zámku, ozdôb a zariadení v dome.

V Novom Jeruzaleme je láska k Bohu Otcovi ako fontána a vy budete naplnení večným šťastím, vďakou a radosťou.

Vidieť Boha tvárou v tvár

V Novom Jeruzaleme, kde je najvyššia úroveň slávy, krásy a šťastia, môžete vidieť Boha tvárou v tvár, chodiť s Pánom a naveky tam žiť so svojimi blízkymi.

Taktiež budete obdivovaní nielen anjelmi a nebeskými zástupmi, ale aj všetkými ľuďmi v nebi. Okrem toho vám budú vaši osobní anjeli slúžiť ako kráľovi a plniť všetky vaše potreby a želania. Ak si chcete zalietať v oblakoch, vaše osobné automobilové oblaky vám zastavia priamo pred nohami. Akonáhle nasadnete do automobilového oblaku, môžete lietať po oblohe, koľko sa vám chce.

Ak vstúpite do Nového Jeruzalema, môžete vidieť Boha

tvárou v tvár, naveky žiť so svojimi drahými a všetky vaše túžby budú v okamihu splnené. Môžete mať všetko, čo si budete želať a bude s vami zaobchádzané ako s princom alebo princeznou v rozprávke.

Účasť na hostine v Novom Jeruzaleme

V Novom Jeruzaleme sú vždy hostiny. Niekedy je hostiteľom Otec, niekedy Pán a inokedy Duch Svätý. Prostredníctvom týchto hostín môžete cítiť radosť nebeského života. Už na prvý pohľad môžete cítiť hojnosť, slobodu, krásu a radosť týchto hostín.

Keď sa zúčastnite hostín, ktorých hostiteľom je Otec, oblečiete si najlepšie šaty a ozdoby, budete jesť a piť najlepšie jedlo a nápoje. Tiež sa budete tešiť z očarujúcej a krásnej hudby, chvál a tanca. Môžete sledovať tanec anjelov a niekedy, aby ste potešili Boha, môžete tancovať aj vy.

Spôsob tanca anjelov je krásny a dokonalý, ale Boh je spokojnejší s vôňou Jeho detí, ktoré poznajú Jeho srdce a milujú Ho z celého srdca.

Tí, ktorí slúžili Bohu na tejto zemi slúžením bohoslužieb, budú aj v nebi slúžiť na týchto hostinách, aby boli radostnejšie. A tí, ktorí chválili Boha spevom, tancom a hraním na hudobnom nástroji, budú robiť to isté na nebeskej hostine.

Oblečiete si mäkký, nadýchaný odev s mnohými vzormi, nádherný veniec a ozdobíte sa drahokamami žiariacimi úžasným svetlom. Na hostinu prídete na automobilovom oblaku alebo na zlatom voze v sprievode anjelov. Nerozbúchalo sa vaše srdce radosťou a očakávaním, keď si toto všetko predstavíte?

Festivaly na výletných lodiach po priehľadnom mori

V krásnom nebeskom mori je čistá a číra krištáľová voda, ktorá je bez jedinej chybičky. Jemný vánok robí na vode tohto modrého mora mierne vlny, ktoré sa krásne ligocú. Mnoho druhov rýb pláva v tejto priehľadnej vode, a keď sa k nim priblížia ľudia, vítajú ich pohybom plutvy a vyznajú svoju lásku.

Tiež sú tam koraly mnohých farieb, ktoré vytvárajú skupiny a jemne sa kolíšu. Zakaždým, keď sa pohnú, vydávajú krásne farebné svetlo. Aký je to úžasný pohľad! V mori je veľa krásnych malých ostrovov. Okolo plávajú výletné lode ako „Titanic" s hostinami na palubách.

Tieto lode sú vybavené každým druhom zariadenia, vrátane komfortného ubytovania, kolkární, bazénov a sál, aby sa ľudia mohli tešiť, z čoho len chcú.

Len predstava týchto festivalov s Pánom a vašimi blízkymi na lodiach, ktoré sú väčšie a ozdobené krajšie ako akákoľvek luxusná výletná loď na tejto zemi, vo vás vyvolá veľkú radosť.

2. Akí ľudia pôjdu do Nového Jeruzalema?

Tí, ktorí majú vieru zo zlata, túžia po Pánovom príchode a pripravujú sa ako nevesty pre Pána, vstúpia do Nového Jeruzalema. Tak teda, akým človekom musíte byť, aby ste mohli vstúpiť do Nového Jeruzalema, ktorý je čistý a krásny ako krištáľ a je plný Božej milosti?

Ľudia s vierou sa páčia Bohu

Nový Jeruzalem je miestom pre tých, ktorí sú na piatej úrovni viery – tí, ktorí nielen úplne posvätili svoje srdce, ale tiež boli verní v celom Božom dome.

Viera, ktorá sa páči Bohu, je druh viery, s ktorou je Boh tak spokojný, že chce splniť požiadavky a túžby Jeho detí skôr, než Ho o to poprosia.

Ako sa teda môžete páčiť Bohu? Uvediem príklad. Povedzme, že otec príde domov z práce a povie svojim dvom synom, že je smädný. Prvý syn, ktorý vie, že otec má rád sýtené nápoje, prinesie otcovi pohár kokakoly. Tento syn otca aj pomasíruje, aby sa uvoľnil, aj keď ho otec o to nepožiadal.

Druhý syn prinesie otcovi len pohár vody a vráti sa späť do svojej izby. Ktorý z týchto dvoch synov potešil otca viac, tým že porozumel srdcu otca?

Namiesto syna, ktorý otcovi priniesol iba pohár vody, aby poslúchol otcov príkaz, otec bude spokojnejší so synom, ktorý mu priniesol pohár kokakoly, pretože ju mal rád a pomasíroval ho, o čo ho ani nepožiadal.

A teda aj rozdiel medzi ľuďmi, ktorí vstúpia do tretieho nebeského kráľovstva a do Nového Jeruzalema, je v miere, do akej potešili srdce Boha Otca a boli verní Otcovej vôli.

Ľudia úplného ducha so srdcom Pána

Tí, ktorí majú vieru, ktorá sa páči Bohu, naplnia svoje srdce len pravdou a sú verní v celom Božom dome. Byť verný v celom Božom dome znamená, vykonávať viac ako sa očakáva od človeka s vierou Krista, ktorý poslúchal Božiu vôľu až na smrť a nestaral sa o vlastný život.

Preto tí, ktorí sú verní v celom Božom dome, nekonajú diela vlastnou mysľou a myšlienkami, ale len so srdcom Pána, teda duchovným srdcom.

Pavol opisuje srdce Pána Ježiša vo Flp 2, 6-8.

On, hoci má božskú prirodzenosť, nepridŕžal sa svojej rovnosti s Bohom, ale zriekol sa seba samého, vzal si prirodzenosť sluhu, stal sa podobný ľuďom; a podľa vonkajšieho zjavu bol pokladaný za človeka. Uponížil sa, stal sa poslušným až na smrť, až na smrť na kríži.

Za odmenu Ho Boh povýšil, dal Mu meno nad všetky iné mená, posadil Ho po pravici Božieho trónu s veľkou slávou a dal Mu moc „Kráľa kráľov" a „Pána pánov."

Preto, rovnako ako Ježiš, musíte bezvýhradne poslúchať Božiu vôľu, aby ste mali vieru vstúpiť do Nového Jeruzalema. Takže ten, kto vstúpi do Nového Jeruzalema, musí chápať aj hĺbku Božieho srdca. Tento druh človeka poteší Boha, pretože je verný až na smrť, nasledovaním Božej vôle.

Boh zdokonaľuje Jeho deti, a tak ich vedie k viere zo zlata, aby mohli vstúpiť do Nového Jeruzalema. Rovnako ako trvá dlho, kým baník premývaním a filtrovaním pôdy nájde zlato, aj Boh upiera oči na Jeho deti, keď sa menia na krásne duše a Jeho Slovom zmýva ich hriechy. Kedykoľvek nájde deti, ktoré majú vieru zo zlata, Jeho radosť prevyšuje všetky bolesti, utrpenie a smútok, ktoré zažil pri napĺňovaní účelu kultivácie človeka.

Tí, ktorí vstúpia do Nového Jeruzalema, sú pravými Božími deťmi, ktoré Boh získal veľmi dlhým čakaním, kým zmenili svoje srdce na srdca Pána a dosiahli úplného ducha. Pre Boha sú veľmi vzácni a bude ich veľmi milovať. To je dôvod, prečo Boh v 1 Tes 5, 23 žiada: „*Sám Boh pokoja nech vás celých posvätí, aby sa zachoval váš duch neporušený a duša i telo bez úhony, keď príde náš Pán Ježiš Kristus.*"

Ľudia s radosťou plnia povinnosti mučeníkov

Mučeníctvo znamená vzdať sa vlastného života. A preto si vyžaduje pevné odhodlanie a veľkú oddanosť. Slávu a pohodlie, ktoré človek získa po tom, ako sa vzdal vlastného života, aby splnil Božiu vôľu, tak ako Ježiš, sú nepredstaviteľné.

Samozrejme, že každý, kto vstupuje do tretieho nebeského kráľovstva alebo do Nového Jeruzalema, má vieru, aby sa stal mučeníkom, ale ten, kto sa v skutočnosti stane mučeníkom, získa oveľa väčšiu slávu. Ak nie ste v stave stať sa mučeníkmi, ale chcete získať odmeny mučeníkov, musíte mať srdce ako mučeník, dosiahnuť svätosť a úplne splniť svoje poslanie.

Boh mi raz zjavil slávu ministra mojej cirkvi, ktorý vstúpi do Nového Jeruzalema, akonáhle splní Bohom dané povinnosti mučeníka.

Keď sa po splnení svojej povinnosti dostane do neba, bude pri pohľade na jeho dom roniť nekonečné slzy z vďačnosti za Božiu lásku. Za bránou jeho domu bude veľká záhrada s mnohými druhmi kvetín, stromov a iných ozdôb. Od záhrady k hlavnej budove bude zlatá cesta. Kvety budú chváliť úspechy ich majiteľa a potešia ho krásnou vôňou.

Okrem toho budú v záhrade vtáky so zlatými perami vyžarujúcimi jas a krásne stromy. Veľké množstvo anjelov, všetky zvieratá, a dokonca aj vtáky, budú ho vítať a chváliť za splnenie mučeníctva. A keď prejde po ceste z kvetín, jeho láska k Pánovi sa zmení na krásnu vôňu. Z hĺbky srdca bude neustále vzdávať vďaky.

„Pán ma skutočne veľmi miloval a poveril ma vzácnou úlohou! To je dôvod, prečo môžem zostať v láske Otca!"

Steny v dome budú ozdobené mnohými vzácnymi drahokamami a lesk karneolu červeného ako krv a zafíru budú neskutočné. Karneol poukazuje na to, že majiteľ splnil rozhodnutie vzdať sa vlastného života a vášnivej lásky ako apoštol Pavol. Zafír poukazuje na jeho nemenné, vzpriamené srdce a integritu zachovávať pravdu až do smrti. Je to pamiatka na mučeníctvo.

Na vonkajších stenách bude nápis písaný samotným Bohom. Zaznamenáva časy skúšok majiteľa, kedy a ako sa stal mučeníkom, a v akej situácii splnil Božiu vôľu. Keď sa ľudia viery stanú mučeníkmi, chvália Boha alebo ho niekedy oslavujú slovami. To všetko je napísané na tejto stene. Nápis žiari tak jasne, že keď ho čítate a pri pohľade na svetlo, ktoré z neho vychádza, ste úplne ohromení a plní šťastia. Bude to úžasné, pretože to napísal sám Boh, ktorý Je svetlom! A tak každý, kto navštívi jeho dom, hlboko sa ukloní pri čítaní tohto nápisu, ktorý napísal sám Boh!

Na stenách v obývačke bude veľa veľkých obrazoviek s

mnohými druhmi nástenných malieb. Nákresy budú vysvetľovať jeho skutky, odkedy sa prvýkrát stretol s Pánom, ako veľmi miloval Pána, a s akým srdcom a kedy vykonal rôzne druhy diel.

Taktiež v jednom kúte záhrady bude mnoho druhov športových zariadení vyrobených z úžasných materiálov a s ozdobami nepredstaviteľnými na tejto zemi. Boh ich urobil preto, aby ho potešili, pretože mal šport veľmi rád, ale kvôli službe Bohu sa ich vzdal. Činky nie sú vyrobené z nejakého kovu alebo ocele ako na tejto zemi, ale sú vyrobené samotným Bohom so špeciálnymi ozdobami. Sú ako drahokamy, ktoré sa krásne trblietu. Majú rôznu hmotnosť v závislosti od osoby, ktorá s nimi cvičí. Tieto zariadenia neslúžia na udržiavanie sa v kondícii, ale ako zdroj potešenia.

Ako sa bude cítiť pri pohľade na všetky tie veci, ktoré Boh pre neho pripravil? Kvôli Pánovi sa musel vzdať svojich túžob, ale teraz sa jeho srdce raduje a on je veľmi vďačný za lásku Boha Otca.

Nedokáže prestať ďakovať a chváliť Boha v slzách, pretože Božie jemné a starostlivé srdce pripravilo všetko, po čom kedy túžil, nechýba ani najmenšia túžba z jeho srdca.

Ľudia plne zjednotení s Pánom a Bohom

V Novom Jeruzaleme mi Boh ukázal dom, ktorý je taký veľký ako veľké mesto. Bol taký úžasný, že som bol ohromený jeho veľkosťou, krásou a nádherou.

Tento obrovský dom má dvanásť brán – tri brány na každej svetovej strane – sever, juh, východ a západ. V centre je veľký trojposchodový zámok, ozdobený rýdzim zlatom a všetkými druhmi drahých kameňov.

Na prvom poschodí je taká veľká sála, že nedovidíte na jej druhý koniec, a je tam aj mnoho obývacích izieb. Používajú sa na hostiny alebo ako miesta stretávania. Na druhom poschodí sú miestnosti vystavujúce vence, oblečenie a suveníry a tiež sú tam miesta na príjímanie prorokov. Tretie poschodie sa používa výhradne na stretnutie s Pánom a zdieľanie lásky s Ním.

Okolo zámku sú steny, ktoré sú pokryté kvetmi s nádhernou vôňou. Rieka vody života tečie pokojne okolo zámku a nad riekou sú mosty z oblakov s farbami dúhy.

V záhrade je mnoho druhov kvetov, stromov a tráv, ktoré zdokonaľujú túto krásu. Na druhej strane rieky je nepredstaviteľne obrovský les.

Je tam aj zábavný park s mnohými atrakciami, ako napríklad, krištáľový vlak, kolotoč, ktorý je zo zlata a mnoho iných atrakcií ozdobených drahokamami. Kedykoľvek sú v prevádzke, vydávajú nádherné svetlo. Vedľa zábavného parku je široká cesta z kvetov a za touto cestou je rovina, kde sa hrajú a pokojne odpočívajú zvieratá, tak ako je to na rovine v tropickej oblasti tejto zeme.

Okrem týchto vecí je tam veľa domov a budov, ktoré sú ozdobené mnohými druhmi drahokamov, ktoré vyžarujú krásne a tajomné svetlá po celom území. Vedľa záhrady je vodopád a za kopcom je more, na ktorom sa plavia také veľké výletné lode ako „Titanic". To všetko je súčasťou jedného domu, takže si teraz dokážete predstaviť, aký veľký a rozľahlý je tento dom.

Tento dom, ktorý je ako veľké mesto, je turistickým miestom v nebi a priťahuje mnoho ľudí nielen z Nového Jeruzalema, ale z celého neba. Ľudia sa tu zabávajú a zdieľajú Božiu lásku. Nespočetné množstvo anjelov slúži majiteľovi tohto domu, starajú sa o budovu a a vybavenie, doprevádzajú automobilové oblaky a chvália Boha tancom a hrou na hudobné nástroje. Všetko je pripravené pre maximálne šťastie a pohodlie.

Boh pripravil takto tento dom, pretože majiteľ prekonal všetky druhy prekážok a skúšok s vierou, nádejou a láskou, a viedol tak veľa ľudí na cestu spásy slovom života a Božou mocou a na prvom mieste miloval Boha viac ako čokoľvek iné.

Boh lásky si pamätá všetko vaše úsilie a slzy a odmení vás podľa toho, čo ste urobili. A chce, aby sme sa všetci zjednotili s Ním a s Pánom, ktorý má životodarnú lásku a stali sa duchovnými služobníkmi, ktorý povedú nespočetné množstvo ľudí na cestu spásy.

Ľudia s vierou, ktorá sa páči Bohu, môžu byť zjednotení s Ním a Pánom skrze životodarnú lásku, pretože sa nielen podobajú Pánovmu srdcu a dosiahli úplného ducha, ale tiež sa vzdali svojich životov, aby sa stali mučeníkmi. Títo ľudia skutočne milujú Boha a Pána. Aj keby nebolo neba, neľutovali by ani by necítili rozpaky, že si neužívali na tejto zemi. V srdciach cítia veľké šťastie a radosť z dodržiavania Božieho Slova a práce pre Pána.

Samozrejme, že ľudia s pravou vierou žijú v nádeji na odmenu od Pána, ktorý Je v nebi, rovnako ako je to napísané v Hebr 11, 6: *„Bez viery je totiž nemožné páčiť sa Bohu. Lebo kto prichádza k Bohu, musí veriť, že je a že odmieňa tých, čo ho hľadajú."*

Avšak nezáleží na tom, či nebo existuje alebo nie, alebo či odmeny sú alebo nie sú, pretože existuje niečo vzácnejšie. Sú šťastní, že sa stretnú s Bohom Otcom a Pánom, ktorého úprimne milujú. Z tohto dôvodu nemať možnosť stretnúť sa s Bohom Otcom a Pánom, je väčším nešťastím a smútkom, ako nedostať odmeny alebo život v nebi.

Tí, ktorí preukážu svoju nehynúcu lásku k Bohu a Pánovi tým, že sa vzdajú vlastného života, aj keby neexistoval žiaden šťastný nebeský život, sú s Otcom a Pánom, svojím ženíchom, zjednotení skrze ich životodarnú lásku. Aká veľká bude sláva a odmeny, ktoré im Boh pripravil!

Apoštol Pavol, ktorý túžil po Pánovom príchode, snažil sa konať Pánove diela a viedol mnoho ľudí k spaseniu, vyznal takto:

> *A som si istý, že ani smrť ani život, ani anjeli, ani kniežatstvá, ani prítomnosť, ani budúcnosť, ani mocnosti, ani výška, ani hĺbka, ani nijaké iné stvorenie nás nebude môcť odlúčiť od Božej lásky, ktorá je v Kristovi Ježišovi, našom Pánovi* (Rim 8, 38-39).

Nový Jeruzalem je miesto pre Božie deti, ktoré sú zjednotené s Bohom Otcom skrze tento druh lásky. Nový Jeruzalem, ktorý je čistý a krásny ako krištáľ, kde všetko bude nepredstaviteľné krásne, prekypujúce šťastím a radosťou, je takýmto spôsobom pripravovaný.

Otec, Boh lásky, chce, aby bol každý nielen spasený, ale tiež dosiahol Jeho svätosť a dokonalosť, aby mohol vstúpiť do Nového Jeruzalema.

Preto sa v mene Pánovom modlím, aby ste pochopili, že Pán,

ktorý išiel do neba pripraviť vám príbytok, čoskoro príde. Preto musíte dosiahnuť úplného ducha, aby ste boli bez úhony stať sa krásnou nevestou, ktorá je schopná vyznať: „Príď už, Pane Ježišu."

Autor:
Dr. Jaerock Lee

Dr Jaerock Lee sa narodil v roku 1943 v Muane v Jeonnamskej provincii v Kórejskej republike. V jeho dvadsiatich rokoch sedem rokov trpel mnohými nevyliečiteľnými chorobami a bez nádeje na uzdravenie čakal na smrť. Jedného dňa, na jar v roku 1974, ho sestra zobrala do kostola, a keď pokľakol k modlitbe, živý Boh ho ihneď uzdravil zo všetkých chorôb.

Odkedy Dr Lee stretol živého Boha prostredníctvom tejto úžasnej skúsenosti, celým svojím srdcom Ho úprimne miluje. V roku 1978 bol povolaný, aby sa stal Božím služobníkom. Vrúcne sa modlil, aby mohol jasne pochopiť Božiu vôľu, úplne ju splniť a dodržiavať celé Božie slovo. V roku 1982 založil Manminskú centrálnu cirkev v Soule v Kórei. V jeho cirkvi sa uskutočňuje nespočetné množstvo Božích skutkov, vrátane zázračných uzdravení a znamení.

V roku 1986 bol Dr Lee vysvätený za pastora na výročnom zhromaždení Ježišovej Sungkyulskej cirkvi v Kórei a o štyri roky neskôr, v roku 1990, začali vysielať jeho kázne v Austrálii, v Rusku, na Filipínach a v mnohých ďalších krajinách prostredníctvom rozhlasových staníc Far East Broadcasting Company, Asia Broadcast Station a Washington Christian Radio System.

O tri roky neskôr v roku 1993 bola Manminská centrálna cirkev vybraná kresťanským časopisom *Christian World* (USA) za jednu z „50 najlepších svetových cirkví" a z univerzity *Christian Faith College* na Floride v USA dostal Dr. Lee čestný doktorát v Bohosloví. V roku 1996 na teologickom seminári *Kingsway Theological Seminary in Iowa* v USA získal doktorát v Službe.

Od roku 1993 má Dr Lee vedúce postavenie vo svetovej missi prostredníctvom mnohých zahraničných výprav do Tanzánie, Argentíny, Baltimore City, Los Angeles, na Hawaj, do New Yorku v USA, Ugandy, Japonska, Pakistanu, Kene, na Filipíny, Honduras, do Indie, Ruska, Nemecka, Peru, Demokratickej republiky Kongo, Izraela a do Estónska.

V roku 2002 bol hlavnými kresťanskými novinami *Christian newspapers* v Kórei nazvaný „celosvetovým pastorom" kvôli jeho práci na rôznych zámorských výpravách. Zvlášť jeho výprava do New Yorku v roku 2006, ktorá sa konala na námestí Madison Square Garden, najväčšej svetoznámej aréne, bola vysielaná 220 národom, a jeho výprava do Izraela v roku 2009, ktorá sa konala v Medzinárodnom kongresovom centre v Jeruzaleme, na ktorých smelo vyhlásil, že Ježiš Kristus je Mesiáš a Spasiteľ. Jeho kázeň je vysielaná v 176 krajinách pomocou satelitov, vrátane GCN TV. Bol vyhlásený za jedného z desiatich najvplyvnejších kresťanských vodcov roku 2009 a 2010 v populárnom ruskom kresťanskom časopise *In Victory* a novou agentúrou *Christian Telegraph* pre jeho presvedčujúce televízne vysielanie kresťanskej omše a zahraničnej cirkevnej službe.

Od Marec 2017 má Manminská centrálna cirkev kongregáciu s viac ako 120 000 členmi. Bolo založených 11 000 filiálok po celom svete, vrátane 56 domácich filiálok, a zatiaľ viac ako 102 misionárov bolo poslaných do 23 krajín, vrátane Spojených štátov, Ruska, Nemecka, Kanady, Japonska, Číny, Francúzska, Indie, Kene a mnohých ďalších krajín.

K dátumu tohto uverejnenia Dr Lee napísal 106 kníh, vrátane bestsellerov *Ochutnať Večný Život pred Smrťou*, *Môj Život Moja Viera I & II*, *Posolstvo Kríža*, *Miera Viery*, *Nebo I & II*, *Peklo* a *Božia Moc*. Jeho diela sú preložené do viac ako 76 jazykov.

Jeho kresťanský stĺpec je vydávaný v časopisoch *The Hankook Ilbo*, *The JoongAng Daily*, *The Chosun Ilbo*, *The Dong-A Ilbo*, *The Seoul Shinmun*, *The Kyunghyang Shinmun*, *The Hankyoreh Shinmun*, *The Korea Economic Daily*, *The Korea Herald*, *The Shisa News* a *The Christian Press*.

Dr Lee je v súčasnej dobe vedúcou osobnosťou mnohých misijných organizácií a združení: Chairman, The United Holiness Church of Jesus Christ; Permanent President, The World Christianity Revival Mission Association; Founder & Board Chairman, Global Christian Network (GCN); Founder & Board Chairman, World Christian Doctors Network (WCDN); a Founder & Board Chairman, Manmin International Seminary (MIS).

Ďalšie silné knihy od rovnakého autora

Nebo II

Pozvánka do svätého mesta, Nový Jeruzalem, ktorého dvanásť brán je vyrobených z lesknúcich sa perál, a ktoré uprostred obrovského neba žiaria nádherne ako veľmi vzácne drahokamy.

Posolstvo Kríža

Úžasné posolstvo prebudenia pre všetkých ľudí, ktorí sú duchovne spiaci! V tejto knihe nájdete dôvod, prečo je Ježiš jediný Spasiteľ a naozajstnú lásku Boha.

Peklo

Úprimné posolstvo Boha celému ľudstvu, ktorý chce, aby ani jedna duša nepadla do hlbín pekla! Objavíte nikdy predtým neodhalený opis krutej reality Dolného podsvetia a pekla.

Duch, Duša a Telo I & II

Sprievodca, ktorý nám dáva duchovné porozumenie ducha, duše a tela a pomáha nám zistiť druh nášho „ja", aby sme mohli získať moc poraziť temnotu a stať sa duchovným človekom.

Miera Viery

Čo je to za príbytok, vence a odmeny, ktoré sú pre vás pripravené v nebi? Táto kniha poskytuje múdre pokyny pre vás o tom, ako merať vieru a dosiahnuť tú najlepšiu a najzrelšiu vieru.

Prebuď sa, Izrael

Prečo Boh dohliadal na Izrael od začiatku sveta až dodnes? Aká Božia prozreteľnosť bola pripravená na posledné dni pre Izrael, ktorý čaká na Mesiáša?

Môj Život Moja Viera I & II

Najvoňavejšia duchovná vôňa získaná zo života, ktorý kvitol s neporovnateľnou láskou k Bohu, uprostred temných vĺn, studeného jarma a najhlbšieho zúfalstva.

Božia Moc

Musíte si prečítať túto knihu, ktorá slúži ako základný sprievodca na získanie pravej viery a okúsenie úžasnej Božej moci.

---

www.urimbooks.com

www.ingramcontent.com/pod-product-compliance
Lightning Source LLC
LaVergne TN
LVHW041703060526
838201LV00043B/553